ツイてる人ほど
変化してる

幸せを呼び込む小さな魔法のルーティン

はじめに

この世界には時間というものが存在し、私たちは日々老いていきます。

年を取るごとに身体も体質も変わり、運勢にも変化が出てきます。

ずっとこのままでいたい気持ちがあるとは思いますが、変わらなければいけない時期も必ずやってきます。

今までは、自分のスタンスを貫くだけで良かったけど、「このままではいけない！」と気づける人、そして、変われる人だけが幸せを手に入れられます。

人生では、少し苦痛を感じても常に向上心を持ち、自分自身をアップデートしていく意識が大切です。成長を意識し続けていると、それに見合ったものを手に入れることができるでしょう。

また、うまくいかない時期は、「普段の生活スタイルに問題があるかも！」と疑ってみてください。

周りの人の考え方、生活のスタイルも時間の流れとともに変わっていきます。家族が増えたり、ペットを飼ったり、仲の良かった友人が引っ越していなくなったり、恋人と別れたりなどなど……。環境も時間とともに変わっていきます。

このように環境が変わっていくことで、自分自身の内面に影響を与えていき、次第に考え方も変化するので、これがそのまま運勢に大きく影響することもあるでしょう。

運気は常に変化していくので、自分自身も変わっていかなければ運が落ちていってしまいます。運の流れには決して逆らわずに、その流れに乗っかっていくことが大切で、その中で喜びや楽しみを感じられる生き方ができると、色々なことがうまくいくようになるでしょう。


どうあがいてもそこから抜け出せない出来事が起こった時は占いや開運術が必要になってきます。

普段からうまくいっていると感じている人は、占いや開運術というものを信じていないでしょう。

自分自身の力でうまく人生を乗り越えていく方法を知っているし、他人に指図されたくもないはずです。

自分の感覚が鈍るから、何も言われたくないかもしれません。そういう人は、今の生き方のままで良いと思います。


でも、人生は良いことばかりではありません。

うまくいかない時は弱気になったり、自信を失ったりするのが普通です。

最近、なんかうまくいかない。ツイていないと思う人は、何かがズレてしまっています。それは普段の行動パターンの中に隠されていることや、ちょっとした考え方、マインドなどの問題かもしれません。

そのズレを軌道修正する手助けとしても使っていただきたい開運術を、陰陽五行論、風水、占星術など様々な占いを通して紹介したいと思います。

どれも衣食住のライフスタイルの中で簡単にできる開運術です。

もちろん、今、運勢は絶好調だけど、もう少しだけ運気を上げたいと思う方にもおすすめできるので、ぜひ、日々の生活のルーティンに取り入れていただけたらと思っています。

また、今まで何をやってもうまくいかない人、不幸だと感じる人、負のスパイラルから中々抜け出せないと思う人も、この開運術を使っていただけたら人生が変わっていくはずです。

さあ、あなたの幸せへの扉はすぐそこです。
一緒に扉を開いていきましょう。

Love Me Do

変化したい人のための陰陽五行論

〔 相生《そうせい》 〕

ポジティブな影響を与え、
相手を生み出していく関係

肉は「金」と対応していますが、その中でさらに細かく分類すると次のようになります。

木 …牛肉　　火 …鶏肉　　土 …ヘビ、モグラ
金 …ラム肉などのジビエ　　水 …豚肉、魚

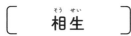

〔 相《そう》剋《こく》 〕

ネガティブな影響を与え、
対立して争い合う関係

木
木は土の養分を吸うので、土からすると木は嫌な存在
水
火
水は火を消すので、火からすると水は嫌な存在
火は金を溶かすので、金からすると火は嫌な存在
金
土
金は木を切り倒すので、木からすると金は嫌な存在
土は水を濁すので、水からすると土は嫌な存在

この本では、「木」を自分自身に置き換えて読み解いていってください。

02 — Change the Food
食べ物を変える …081

03 — Change the Room
お部屋を変える …129

01
Change the Fashion

ファッションを変える

ファッションの乱れは運気の乱れ

みなさんは普段どんな基準で、服や持ちものを選んでいますか？　好きな色、好きな柄。または体形や職業を基準に、自分に似合うものを選んでいる人が多いでしょう。全く無頓着な人もいるかもしれませんね。

選ぶ基準に、運を上げるためのアイテムや新しいルーティンを加えてみてはどうでしょう？

例えばコミュニケーション運を上げたい人は緑色のものを持つ、出会い運を高めたいなら新しい靴を買うなど、その気になれば簡単にできることばかりです。

このように、身に着けるものや持ち歩くものの中に運が良くなる要素を増やしていくと、運気の流れが変わり、理想とする自分の姿に近づいたり、思っていた通りに物事が進みやすくなったりします。

そしてもし今、あなたにうまくいかないことがあるなら、ファッションのせいかもしれません。ファッションの乱れは、運気の乱れだと言えます。身に着けるアイテムを変えれば、あなたの運もぐんぐん上がっていくはずです。

ファッションは、自己表現の手段でもあります。

ただ、仕事で成功している人や、恋愛が成就しやすい人は、ファッションでうまく自己表現をするだけでなく、運を高める要素も自然と取り入れています。すごくオシャレではなくても、成功者は服や持ちものにこだわりがあり、自分らしさをうまく表現しています。私たちは、知らず知らずのうちに、服の色や柄、シルエットを見て、相手のイメージを膨らませています。なのに、そのことに気づかずに服を選ぶ人が多いのです。仕事も恋愛もお金も、全て人とのつながりから生まれます。意識的に自己プロデュースできるようになったら、相手を褒めてあげることも大切です。その日のコーデを褒められたら、誰だってうれしいですよね。

ここからは、色や柄が持つエネルギーについても説明していきます。ファッションを味方につけて、理想の自分に少しずつ近づいていきましょう！

MAGIC ROUTINE

01

恋愛運・仕事運

打ち合わせで緊張しそうな時は、緑色のノートを持って行く

緑は、樹木や草などの植物を連想させる色。そして、コミュニケーションを表す色です。

植物のツタをイメージしてほしいのですが、岩場や外壁などに絡みついている光景を目にしたことはありますよね。これを人間関係に置き換えるなら、周りの人によく声をかける、話を振るなど、人に〝絡む〟社交性を意味します。

ですので、よく緑色のものを持っている人は、自分のことをクールだと思っていたり、コミュニケーションが苦手な自覚があっ

たりしても、実は無意識におしゃべりになっていることがあります。

また、陰陽五行論の「木《もく》」は、樹木を表し、「自分自身」に置き換えることができます。樹木は大地から伸びていき、のびのびと育って緑色の葉っぱを生やします。そんな樹木の成長のように、マイペースな人や我が道を行く人が、緑を身に着けがちです。

このように、社交性の力、自分のペースを保つ力を持っている緑を小物などに取り入れると、コミュニケーションに不安がある時、あなたの助けになってくれます。

例えば、打ち合わせや会議などの大事な場面の前で、緊張してうまく話せるか心配な時。緑のノートや手帳を持って行くと、緑のパワーで社交性がアップして、いつもよりリラックスして話せるようになるはずです。

そして、コミュニケーションの緑を、恋愛に使うこともできます。新しい出会いを探している時は、緑系の色の下着を着けてみるのはどうでしょう？

潜在的に人とコミュニケーションを取りたい欲が湧いてきて、自然と自分からぐいぐいとアプローチできるようになります。緊張したり、気をつかったりせずに、フレンドリーに話もできているでしょう。また、意外な人から口説かれることだってあるかもしれません。ただ、その時にビビッたり、照れたりしないよう注意です。来たチャンスを逃さないように。あなたの小さな変化に気づいてくれる人がいたらいいですね！

MAGIC ROUTINE

02

仕事運

Ｚｏｏｍの背景やコーデにオレンジを取り入れると、後輩から慕われる

オレンジは、癒やしや安心感を与える色。でも、「パンダの赤ちゃんを見てると、なんだか癒やされるんだよね〜」といった動物系の〝癒やし〟とは、ちょっと違います。オレンジは、黄色と赤が混ざった色です。

黄色が表す運気として、よく語られるのは金運ですが、茶色と同じく〝大地〟の意味も持っていきます。実生活に当てはめるなら、「地に足を着ける」イメージ。よって、〝現実〟や〝安心感〟を表す色でもあるのです。

そして赤は、攻撃性や〝情熱〟を表す色です。つまり、オレンジは、安心感に情熱がプラスされた色になります。

黄色と赤が混ざったオレンジをうまく使えると、〝現実〟的に考えるべきところと、〝情熱〟を持って道を切り開いていくところをバランス良く使い分けることができるようになり、「この人についていけば大丈夫」「私を導いてくれそうだ」と思わせる力を身につけることができるんです。

東南アジアの仏教僧侶が着ているオレンジ色の袈裟をイメージすると、わかりやすいかもしれません。僧侶から諭され、わだかまりが解けるような〝癒やし〟。そして、自分のことを導いてくれそうな〝安心感〟。それが、オレンジ色の持つエネルギーです。

そんなオレンジが効果を発揮するのは、後輩から信用されたい時や、初めて部下ができた時。特におすすめなのは、最近のご時世で増えたＺｏｏｍ会議での背景に取り入れてみること。リアルでも、バーチャル背景でも、自分の後ろ全面にパキッとしたオレンジ色が映り込むと、なお効果的です。

ただし、オレンジを使う時の注意点があります。黄色っぽいオレンジや、赤っぽいオレンジは、オレンジの効果が発揮できなくなるかもしれません。

例えば、黄色が濃くなり、黄色のエネルギーが強くなりすぎてしまうと、損得勘定が強くなり、利益を優先しすぎて、お金にならないことは興味がないという考えに偏ってしまいます。

逆に、赤が濃くなり、赤のエネルギーが強くなりすぎてしまうと、情熱が暴走して目標を高く持ちすぎてしまい、周りから浮いた存在になったり、理想が高い自由人になってしまったりします。

オレンジは、コーデやネイルなどで日常的に取り入れても、もちろんＯＫです。うまくオレンジを使えたら、あなたの周りに、いつのまにか人が集まっているかもしれませんね！

MAGIC ROUTINE

03

仕事運

仕事が減ったら、名刺の色をアイボリーやクリーム色にしてみる

黄色は、金運をアップさせる色です。そして、陰陽五行論の「土《ど》」と対応しているので、人気運やコミュニケーション運を良くする色でもあります。

なので黄色は、初対面の人と会う時に使う名刺に取り入れると、とっても印象がいい色なのです。金運と人間関係が良くなるということは、つまり、お金を運んできてくれる人とつながる可能性が高まります。

でも、黄色を名刺に取り入れるのは、なかなか難しいですよね。

文字を黄色にすると読みづらくなります。原色の黄色の紙はなかなかないですし、個性の強さに抵抗を感じる人も多いと思います。

そこでおすすめしたいのが、少し黄色っぽい紙を使うこと。例えば、アイボリーやクリーム色などナチュラル系の色です。白と同じように使える、黄色が混ざった色の紙を選んでみましょう。

黄色だけでなく、ゴールドも金運をアップさせる色です。それから、黄色やゴールドほどではありませんが、茶色も金運アップが期待できる色です。さらに、ゴールドも茶色も陰陽五行論の「土」と対応しているので、黄色と同じように人気運やコミュニケーション運を上げてくれます。

なので、もしあなたが自由に名刺を作れる立場なら、文字を濃い茶色にしたり、金色をワンポイントで入れたりするのもいい方法です。金の箔押しが入った名刺なんて、かっこいいですよね。

そして、用紙をケチッてはいけません。ペラペラの紙はダメです。厚紙や、良質な紙を選ぶようにしてください。

なぜなら、名刺にはあなたの名前や会社名、電話番号など、個人情報が載っていますよね。それはつまり、名刺があなたの身代わりだということなんです。厚くてしっかりした紙にすると、信頼できる人だと思ってもらえるはずです。

仕事が減っている人や、業績が伸び悩んでいる人は、もしかしたら名刺の色や紙に原因があるかもしれません。職業上、名刺の変更が難しい場合は名刺入れの色を替えるのでもＯＫです。

デジタルの名刺も出てきていますが、実際はまだまだ紙の名刺を交換することが多いですよね。名刺はあなた自身を表していると考えて、この機会に見直してみましょう！

MAGIC ROUTINE

04

恋愛運・仕事運

ベージュのワントーンコーデの時に限って、しんどい仕事が回ってくる

オレンジは人に癒やしや安心感を与える色ですが、オレンジに近い色であるベージュは、コーデに取り入れる際に気をつけたほうがいい色です。

オレンジと茶色の間の色であるベージュは、茶色が持つ〝現実〟や〝安定〟のエネルギーが混ざっています。そうなると、安心感に現実や安定がプラスされて、母性が強くなってしまいます。恋愛でも、仕事でも、どんな場面でもです。

例えば、ベージュの服ばかり着ていると、恋人と恋愛関係ではな

く家族のような関係になってしまうかもしれません。その結果、セックスレスにつながってしまうことも……。

「恋人を尻に敷きたい」「私が彼のお尻を叩いて、いい男に育ててやりたい」と考えている人はいいかもしれませんが、ロマンチックな関係からは遠ざかってしまいます。

職場でも、恋愛対象として見られづらくなったり、いつのまにか女性というよりも「頼りになるお母さん」的存在になってしまったりします。その結果、しんどい仕事ばかり回ってきて、心も体も疲弊していきます。ベージュのワントーンコーデなど、ベージュの面積が大きいほど、そうなりやすいです。

しかし、これを回避する方法があります。射手座の世界観を意識することです。射手座が放った矢は、目標に向かって永遠にどこまでも飛んでいくイメージなので、それは探求の旅を表し、そこから〝自由〟や〝冒険〟といった意味が出てきます。この射手座の世界観を意識することで、自由を愛する人になれ、お母さん扱いされる〝現実〟や〝安定〟のエネルギーを減らすことができます。

具体的にどうしたらいいかというと、キャンプや山登りなどアウトドアを楽しんで、その時の写真をSNSに載せたり、職場で体験談を話したりしてみましょう。「そんなアクティブな一面があるんだ」と周囲に思わせるのです。あなたが周囲に与えている〝地味さ〟を感じさせないことが大切です。また、あえて難しい言葉を使ったり、豆知識を披露するなど、知性の片鱗を見せても同じ効果があります。

ベージュを着ていないのに面倒なことに巻き込まれがちな人も、これをやってみるといいです。

ベージュのワントーンコーデはかわいいですが、週に1回程度でいいかもしれませんね。その際に、アクティブな一面や知性をアピールすることを忘れずに！

MAGIC ROUTINE

05

仕事運

職場で嫌なことを言ってくる人がいたら、白のトップスの差し色に赤を効かせる

MAGIC ROUTINE

06

恋愛運

赤の下着を着けて別れ話をすると、戦闘モードになれる

赤は〝情熱〟を表す色だと先ほど説明しましたが、身に着けることで、内面の熱い想いが伝わり、周囲に衝撃を与えることがあります。とても静かな人でも、赤を身に着けると、とがった雰囲気や、トゲのある感じが自然と出るんです。

つまり、赤を上手に使えば、自分を守ることにつながります。

例えば、職場で嫌なことを言ってくる上司がいた時、赤いものを身に着けていればピリッととがったエネルギーを出すことができ、相手は「変なことを言ってはダメだな」という雰囲気を無意識に感じ取りやすくなります。

「私、裏ではブチ切れてますから‼」という空気をそれとなく伝えたい時には、赤を積極的に使っていきましょう。

また、赤はポイントで取り入れるのがおすすめです。日本の国旗や日の丸弁当って、赤の面積は小さいけれど主張が強いですよね。それと同じように、例えば赤いブランドロゴの入った白いトップスを身につけたり、白地のアイテムに、小物で赤いスカーフやパスケースを合わせたりすると、強いエネルギーを発することができます。

さらに、外からは見えないところを赤にするのもいいです。特に、別れ話をする時などに赤い下着を着けていると、その場の雰囲気や相手の言い訳に流されずに、自分の主張を押し通せる戦闘モードに入ることができます。赤のエネルギーは、あなたの気持ち次第で〝攻撃〟や〝威圧〟をより強めます。

下着などの見えないところで赤を身に着けるだけでも、相手は「○○さん、今日は自己主張が強いな」と、なぜか感じ取ってしまうんですよね。

ただし、もともと自己アピールが得意な人や、とがっている人が赤を身に着けると、それがますます強調されて、周りから「キツイ人」「面倒な人」「仕切り屋」「我が強い人」と思われるかもしれないので注意が必要です。あくまでも、自分に足りない攻撃的な部分を補うつもりで、赤を使ってみてください。

MAGIC ROUTINE

07

恋愛運

週3回以上ボーダーシャツを着ると、等身大の恋愛ができる

ボーダーシャツを着ていると、好きな人にだけモテて、現実的な恋愛が手に入るようになります。

ボーダー＝横線は、〝現実〟や〝安定〟を表しています。なので、自分の性格に合った相手や、自分のことを好きになってくれる等身大の相手を引き寄せます。つまり、背伸びした恋愛に疲れるようなことが減ります。

ボーダーの幅は、太いほど〝安定〟の力を持っていますが、流行もあるので、あまり気にしなくてもいいかもしれませんね。着る回

数は多いほどイメージがつきやすいですが、あまりに毎日着ていると「ボーダーキャラ」になってしまうので、例えば平日に2回、週末に1回ぐらいがいいと思います。

それから、遊んでそうに見られる人、破天荒な人、落ち着きがない人ほど、ボーダーを着ると、ギャップを生んでより魅力的になります。このタイプの人は、たまにボーダーを身に着けて、普段の雰囲気とのギャップを作ると効果的です。

また、ボーダーは無難で取り入れやすい柄なので、ファッションセンスに自信がない、興味がない人も「とりあえずボーダー」と選びがちです。このタイプの人は、他人にどう見られるかよりも、自分の世界を大切にしている傾向にあります。なので、「モテなくてもいい」「自分を好いてくれる人がひとりいればいい」という考えの人が多いと思います。

流行や他人の目を気にしない人ほど、自分のために使うエネルギーが多くなるので、本当に好いてくれるひとりを見極めやすくなるのかもしれません。

さらに、「モテるのが面倒くさい」「好きな人以外から好かれたくない」という人ほど、ボーダーを着ています。華やかな人が、魅力や輝きをあえて抑えて、内面を際立たせるためにボーダーを選ぶこともあるのでしょう。つまり、ボーダーを着ているとモテなくなるのではなく、等身大の自分を評価してくれる人にモテやすくなるのです。

つい相手のペースに流されてしまう恋愛をしがちな人や、恋が長続きしない人ほど、ボーダーを着てみると、変化を実感できるはず。つい情熱的で破滅的な恋愛に憧れてしまいますが、現実的な恋愛にも、たくさんいいところがあります。

あなたは、どちらを選びますか？

MAGIC ROUTINE

08

仕事運・メンタル運

自信がない時は、ストライプのジャケットやパンツを選ぶべき！

ボーダーは〝現実〟や〝安定〟を表していると説明しましたが、ストライプ、つまり縦線は〝理想〟やそれに伴う〝不安〟を表しています。

だから、目標が高い時、背伸びしたい時ほどストライプの柄を無意識に選びがちですが、それは自信のなさの表れでもあるし、逆に精神的に強くなれるアイテムでもあります。

例えば、競合プレゼンテーションがあって、勝たなければいけない時、重要な会議で部署を代表して話さなければいけない時……現実的な準備がおろそかになり、「どんとこい！」という心構えができていない時ほど、ストライプを選んでいるかもしれません。そうやって、プレッシャーに負けないように、ストライプの〝自分自身のメンタルを強める〟効果を無意識に使っているのでしょう。かく言う私も、生放送や大御所の方と共演する時などは、ストライプのシャツやジャケットを無意識に選んでいることがあります。

一方で、〝理想〟や〝夢〟を表す柄でもあるので、自分を成長させるポジティブなエネルギーを持っています。「もっと成長したい」「夢を叶えたい」と前向きな気持ちで着るといいでしょう。

ここまで読んで、あなたがちょっと自信がない時にストライプを選んでしまっているタイプなら、今は成長段階だと思いましょう。〝理想〟や〝夢〟に向かっている過程ということです。

周りにストライプを着ている人がいたら、どんなタイプか探ってみると面白いかもしれません。「自分を良く見せようとしているだけなのかな？」「新しいことに挑戦しようとしているのかな？」「今、もしかしたら精神的に不安定なのかも……」「普段調子がいいけど、今日はシリアスモードだな」「でも、やっぱりただ調子がいいだけの人なのか！」などなど。それによって、最初は「人当たりがいい人だな」と思っていたけど、だんだんと対応が雑になっていくのを見て、いいかげんな人だと気づき嫌な気持ちになる、といったことが防げるかもしれません。

ストライプ柄は、あなたの成長のサインであると同時に、周りの人を見極めるためのヒントでもあります。よく観察してみましょう。

MAGIC ROUTINE

09

仕事運・人間関係運

やりたくない幹事を任されたら、チェックのシャツを着て行く

安定を表すボーダーと、理想を表すストライプ。この2つが混ざったチェックは、〝協調性〟を表しています。

チェックを着ると、人に合わせることができ、みんなでうまくやる方法を模索し、成功に導くことができます。調整役として活躍できるのです。

なので、もしやりたくない幹事を任された時は、チェックのシャツを着て行くといいでしょう。人が多いほど意見も対立しやすいですが、それらをなだめながら、あ

なた自身は責められることなく、参加したみんなを楽しませる役に徹せます。そうなると、後で感謝もされますよね。

また、会社などで、影の支配者になって暗躍したい時に、チェックを着るといいでしょう。

人と人との間に入って調整すべき場面で、言い方は悪いですが裏で活躍することで、出世にもつながるかもしれません。特に、会社のナンバー2になる人は、こういう誰にでもうまく合わせることができる調整役が多いです。

そして、ボーダーやストライプに比べて、チェックを好んで着ている人は本音がわかりにくい傾向があります。

ボーダーやストライプを着ている人は、良くも悪くも性格の裏表がありません。一方でチェックは、こちらは勝手に信頼していても、心を開いてくれていないことがあります。「いい人だな」「この人は裏切るはずがない」と思っていても、誰にでも感じ良く接しているだけで、実はこちらに愛情を注いでくれていないことがあります。

その日に予定していることを考えて、上手にチェックのエネルギーを使うことがポイントです。

ちなみに、スーツの下のシャツなどにチェックを着ている人は本音がわかりづらいタイプかもしれないので、よく観察して本音を探ってみてください！

MAGIC ROUTINE

10

恋愛運

ハイブランドの黒いバッグは、ダメな男を呼び寄せる

ハイブランドの黒のバッグを持っていると、口説くことが目的のダメ男が寄ってきやすくなります。

陰陽五行論で黒は、光の当たらない海の底を表す色です。つまり、目に見えない場所や隠し事を意味しています。これを恋愛に当てはめると、人に言えない恋や、不倫に結びつきます。

また、黒はセクシーさを表す色でもあります。

黒を身に着けるとセクシーさが

増して、人によっては遊び人のような軽いイメージを持たれたり、妖艶すぎて近寄りがたいイメージを持たれたりします。

そうなると、性の対象として口説こうとする男が寄ってきやすくなるかもしれません。近寄りがたくても、その高いハードルをわざわざ飛び越えようとするわけですから、癖のある人の可能性が高くなります。

特に、一般的にはなかなか手に入れることが難しいハイブランドで、かつ全身黒で固めると、より〝魔性の女〟感が増します。そうなると、ある意味ではモテますが、口説くことだけが目的の男性や、ただの遊び人など、いわゆるダメンズを呼び寄せてしまうのです。

それを割り切って、男性から口説かれることを楽しめる人は、ハイブランドの黒いバッグを持ってもいいと思います。もしくは、最初は遊びだったり、ナンパ男が寄ってきたりしても、「真実の愛かどうかは見極められます！」という自信がある人にもいいでしょう。

でも、人ってそんなに簡単じゃないですよね。自分では「割り切れる」と思っていても、どこかで情が生まれて、ダメンズにハマってしまう……なんて話をよく聞きます。

あなたに近寄ってくる男性は、黒いバッグに入っている〝秘密〟を、少し覗いてみたいだけかもしれません。ファッションは背伸びするものとも言いますが、本当に自分に合っているアイテムか、今一度見つめ直してはどうでしょう。

MAGIC ROUTINE

11

恋愛運

よく白シャツを着ている人が言う「全然モテないんですよ」はウソ

あなたは、白にどんなイメージを持っていますか？　たぶん〝純粋〟や〝無垢〟ではないでしょうか。医療関係者の方が着ている白衣から、〝奉仕〟をイメージする人もいるかもしれません。

確かにそれらも間違いではないのですが、実は白は、攻撃的な色でもあるのです。よく、「白黒つける」と言いますよね。敵と味方を分けて勝敗を決める時に使う色。そのような攻撃的な一面もあります。

白いシャツを堂々と着ている人は、爽やかで飾り気もなく自然体なので、「モテる人」に見えますよね。そして、彼らは「全然モテないんですよ〜」と言う人が多いんです。

もちろん一概には言えませんが、イメージとは逆に、ウソの可能性があることを覚えておきましょう。モテていても興味のない人は相手にしない、自分が好きじゃない人に好きになられてもしょうがない、そんな思いがあって近づく人をはねのけているのです。

だから、白シャツを着ている人が言う「全然モテないんですよ〜」の裏には、実は「追う恋が好き」という意思を感じます。

もしくは、あなた自身が白シャツをよく着る「自称モテない人」かもしれませんよ。思い当たる節はありませんか？

ちなみに、納得いかないことがある時に、人は白を選びがちです。

「私は悪くないはずなのに」「どうしてこんな目に遭わなくちゃいけないの？」

というような、納得できないことがある時に、自分の中で白黒つけてジャッジしたいから、白を手に取るのでしょう。

究極のオシャレは白シャツが似合う人、とも言いますよね。外見だけでなく内面のレベルも高い一握りの方なら、褒められたら「ありがとう！」「モテなくもない（笑）」などと正直にユーモアをもって返すはずです。

うわべだけの白シャツ男の「全然モテないんですよ〜」は、真に受けないほうがいいですよ！

MAGIC ROUTINE

12

恋愛運

本命を狙う飲み会には、グレーのニットを着て行く

占い的に、私が思う一番モテる色はグレーです。

ここまでで、白は〝純粋〟や〝無垢〟を表す一方で攻撃的な色でもあり、そして黒は、隠し事やセクシーさを表す色と説明しました。

この2色が混ざっているグレーは、純粋さがありつつも色気が混ざっている色になります。白の攻撃性も混ざっているのでアプローチするエネルギーもあり、隠し事のミステリアスさもありますから、モテる色と言えるでしょう。

こう考えると、グレーはファッ

ションにおいても他の色と合わせやすく、恋愛においてもイメージの幅が広い完璧な色だと思いませんか？

なので、本命を狙う飲み会や、どうしても付き合いたい人とのデートの時は、グレーを着てみてください。派手な印象を全くつけたくない時はニットやワンピースにしてもいいですし、靴下もグレーで揃えると統一感があっていいですね。少し遊び心を加えてグレーのセットアップにインナーやアクセで差し色をプラスしてコーデを組んでもいいと思います。

もちろん、「彼氏が欲しい」という気分が高まっている時に、グレーを着まくるのもＯＫです！　モテコーデには、同性にウケるかわいらしいピンクよりも、純粋さとセクシーさが混ざったグレーがおすすめです。

MAGIC ROUTINE

13

恋愛運・仕事運

恋の悩みが多い時は、ラムレザーのライダースを着回す

MAGIC ROUTINE

14

恋愛運・仕事運・人間関係運

ライバルに勝ちたいならホースレザー、人間関係を良くしたいならカウレザーのアイテムを選ぶ

恋で悩んでいる女性におすすめなのが、羊の革を使ったアイテムを身に着けることです。

陰陽五行論の「金《きん》」は、女性にとっての恋愛運と対応しています。そして、羊や鹿、イノシシなどの野生動物は、この「金」に対応しています。なので、「金」と対応している羊のものを身にまとうことで、恋愛運をアップさせることができます。

昨今、女性のファッションの定番となったライダースの中でも柔らかいラムレザーは、特に取り入れやすいでしょう。冬なら、もこもこしたムートンコートやブーツもかわいいですよね。もちろん、財布などの小物で取り入れてもいいと思います。

そして、「金」は女性にとっての恋愛運ですが、男女両方の仕事運もつかさどっているので、停滞している恋や仕事を充実させたい人にぴったりです。

同じ動物でも、牛と馬は陰陽五行論の「木」と対応しています。そして、同じ

「木」でも、牛と馬が持つエネルギーは異なります。

馬の持つ「木」のエネルギーについてですが、樹木が堂々と1本そびえ立っているイメージで、〝自立〟や〝競争に勝つ〟という力を表しています。周囲に流されずに我が道を進みたい時や、ライバルを蹴落としてでも勝負に勝ちたい時には、馬革のアイテムを持つといいでしょう。

馬革は硬めなので、財布などの小物に使われることが多いですよね。馬革のライダースはおしゃれ上級者向けかもしれませんが、ここぞという時に思い切って着てみるのもいいと思います。

牛の持つ「木」のエネルギーは、木や草や花などの植物たちが共生しているイメージで、協調性や駆け引きなど、人間関係を向上させる力を表しています。仕事などで周囲と協力してプロジェクトを進めたい時や、人間関係でのトラブルが続いている時は、牛革のアイテムを持つといいでしょう。

牛革は、カバンや財布、ベルトなど、取り入れやすい革製品が多いですよね。

仲を深めたい人にプレゼントするのもおすすめです。

革製品を選ぶ時には、同時にアップさせたい運気をイメージして買うことをおすすめします。それに、革製品は長く使えますし、使うほど体にも馴染んできます。大切に使い続けるほど、あなたの分身のような存在になり、運気もずっと上向きに保てますよ！

MAGIC ROUTINE

15

恋愛運

友達止まりの相手の服を後ろからつまんで話しかけると、恋愛スイッチが入る

片思いの相手と一緒にいて会話が途切れた時や、隣を歩いている時に、さりげなく背中を触ることはできますか？　関係性にもよりますが、実行できたなら、友達止まりになっていても、相手の恋愛スイッチを入れることができるかもしれません。

実は12星座は、それぞれが体のパーツをつかさどっているんです。12星座の中で、恋愛運を表しているのは獅子座です。そして、獅子座がつかさどっているのは、背中。なので、相手の背中に触れら

れれば、ドキッとさせたり安心させたりできて、恋愛のスイッチを入れられるんです。もちろんこのご時世、気軽にボディタッチはできません。

「そんなこと恥ずかしくてできない……」という人もいるでしょう。最初は、少し後ろを歩いてツンツンとつついたり、さりげなく服をつまんで「ねえねえ」と話しかけるくらいがちょうど良さそうです。

そこで「え？　何？」と言われても、ニコッとはにかむだけでいいと思います。恋のスイッチを入れるには、会話はいらないんです。

ただし、相手に気づかれないように服をつまむのでは意味がありません。どのやり方でも構いませんが、相手に気づかれるようにしないと、恋のスイッチは入らないので注意しましょう。

ただのボディタッチでもドキッとするものですが、あえて触れるなら背中にすることで、獅子座のエネルギーが動き出します。

恋には多少のあざとさも必要です。なかなか進展のない、友達止まりの相手に試してみてください。

星座と身体の部位の対応表

牡羊座	頭、顔、目、脳
牡牛座	のど、首、顎、耳、舌、鼻、甲状腺、声帯
双子座	手、腕、肩、呼吸器、神経
蟹　座	胸、乳房
獅子座	心臓、背中、背骨、脳、血管
乙女座	腹部、腸
天秤座	腰部、腎臓
蠍　座	生殖器、股間、泌尿器
射手座	大腿部、臀部、肝臓、坐骨神経
山羊座	膝、骨、骨格、関節、皮膚、歯
水瓶座	すね、ふくらはぎ、くるぶし、下肢部、循環器系
魚　座	足、分泌腺、末梢神経、リンパ腺、脂肪

MAGIC ROUTINE

16

仕事運・人間関係運

異業種交流会に
カーキの服を着て行くと、
声をかけられやすい

たくさんの人が集まる異業種交流会。初対面の人と話すのは緊張するし疲れるものですが、家でじっとしていても何も始まりません。新たな出会いを作るために、がんばらなくてはいけない時もありますよね。という私も、面識のない人に話しかけるのは、あまり得意ではありません……。

異業種交流会やレセプションパーティーのような、初対面の人が集まる場には、カーキ（くすんだグリーン系の色）の服を着て行くのがおすすめです。

緑はコミュニケーションを表す色で、リラックスした状態で話せるようになります。そこに、〝現実〟や〝安定〟を表す茶色が混ざっているのがカーキです。茶色が表す〝現実〟とは、人当たりの良さや社交性など、あなたが社会で見せたいと思っている〝外面〟のことでもあります。

だから、「自分を良く見せたい」「知り合いを増やしたい」という場には、緑と茶色が混ざったカーキを着て行くと、うまくコミュニケーションが取れるようになるのです。相手から声をかけられやすくもなるでしょう。

異業種交流会でなくても、転職して新しい職場に行く日などに着て行くのもおすすめです。ファンや応援してくれる人がいるような、人気商売の仕事をしている人も、カーキを多く取り入れるといいと思います。

ただ、カーキは悪く言うと〝八方美人〟になる色でもあります。本音と建前をうまく使い分け、外面で接している人が着る色です。ついカーキを選びがちな人は、もしかしたら「知り合いは欲しいけど、深い関係にならなくてもいい」と、心のどこかで思っているかもしれません。

勘の鋭い人には、他人から良く思われたいから本当の自分を出せないことや、本音で話すのが苦手なことを、気づかれてしまうリスクがあります。

カーキはコミュニケーションを助けてくれる色ですが、「広く浅く、全員になんとなく好かれる」色です。だから、カーキのエネルギーをうまく使えるように、着て行く場所は考えたほうがいいですね。

もし腹を割って話したい時は、深い関係性を表す黒がおすすめです。本音でぶつかっていい相手なのかどうかを、見抜くことができるようになるでしょう。

カーキを上手に使って、人脈作りに役立ててみてくださいね！

MAGIC ROUTINE

17

恋愛運・人間関係運

ドットのブラウスを着て同窓会に行くと、個性をアピールできる

ドット、つまり丸は、〝オリジナリティ〟や〝個性〟を表している形です。丸を大量に配置したドット柄ほど、攻撃的で攻めているデザインはないと思います。

丸は、循環を表しています。例えば、太陽系の惑星は、太陽を中心に円を描くように回り続けていますよね。それぞれの惑星が、違う場所を違う公転速度で回っていますから、惑星の配置は刻一刻と変わり続けています。

それと同じで、永遠に違いを作り続けていくことを表しているの

が、丸という形なのです。

だから、人と会う時にドット柄を着て行くと、個性や自分らしさをアピールすることができます。

特におすすめなのは、同窓会など久しぶりの人たちが集まる場面です。あなたが磨いた個性、つまり昔とは変わった自分や、「私はどんどんアップデートされていくのよ！」という向上心を、それとなく伝えられるのです。

同窓会の場では昔とギャップがある人ほど魅力的に映りますし、「今何やってるの？」なんて話しかけられやすくもなりますから、焼け木杭に火がつく……なんてことがあるかもしれませんよ。

また、〝オリジナリティ〟や〝個性〟を大切にして、自分で道を切り開いてきた人が好んで着ている柄でもあります。水玉柄のネクタイがトレードマークの政治家もいましたよね。ドットを選びがちな人は、ライバルがいるほうが燃えるタイプでもあります。攻めの姿勢を見せたい時にもおすすめです。

ただ、個性が強すぎて引かれてしまう場合もあります。職業的にインパクトを残したかったり、あえて引かせるのが戦略になる人もいると思うので、そういう方は問題ないと思いますが、普段から個性が強いと思われている方は、使わないほうが良かったりもします。その都度状況を判断して活用してみてください。


大勢の人がいる場で強烈な印象を残せば、いいことも悪いことも起こります。「何もないよりはマシ」と思えるなら、ファッションでもチャレンジすべきです。

丸の大きさや色などドット柄もさまざまですし、ハンカチや下着などアイテムにも幅があるので、まずは取り入れやすいアイテムから始めてみましょう。

MAGIC ROUTINE

18

人間関係運

丸メガネをかけると、一目置かれる

丸は、〝オリジナリティ〟や〝個性〟を表している形だと先ほど説明しました。それを目の周りに持ってくる、つまり丸メガネをかけることで、周囲から〝リスペクト〟されたり、一目置かれたりします。

目は、人相術では〝意志〟を表すパーツです。そこに、〝オリジナリティ〟や〝個性〟を表す丸を持ってくると、より一層強い意志が表に出るようになります。

もともとメガネ自体に知的なイメージがありますが、そこに「別次元の考えを持っている人なんだろうな」と思われるほどの、強烈な意志や個性がプラスされます。なので、周りから一目置かれたいと思っているクリエイターやファッション好きが、丸メガネをコーデに取り入れていることが多いです。

ただし、注意点があります。残念ながら、日本人は丸メガネが似合わない人が多いです。ちなみに私も似合いません……。

自分に似合う丸メガネを見つけて、うまくファッションに取り入れ、おしゃれになれればリスペクトされますが、そうでなければ「かなり変な人」だと思われ、そこだけが際立ちます。強烈な意志や個性が、ネガティブな方向に出てしまうんですね。それほど丸メガネは、リスクの高いアイテムだと言えるでしょう。

私がおすすめしたいのは、個性が薄いと思っている人が、メガネをかける必然性のあるシチュエーションで、丸メガネをかけることです。

普段はメガネをかけていない人が、授業中や運転中にメガネをかけると、そのギャップに萌えることがありますよね。それと同じように、かけることが自然な場面でこそ、違和感は軽減され、ギャップが際立ちます。

例えば、クリエイティブな内容を話し合う会議や、個性的な人が集まりそうな場で気張ってかけるのではなく、勉強や趣味などプライベートで自然にかけた時ほど、あなたの個性がいい意味で受け取られやすくなると思います。

丸メガネをうまく取り入れられたとしたら、ファッション上級者であることは間違いありません。一目置かれたい相手がアパレル関係なら、より有効です！

MAGIC ROUTINE

19

恋愛運・仕事運・人間関係運

水色の服を着ると、口がうまい人の前でも流されない

水色は、〝冷静さ〟を表す色です。優しく感じる色なので柔らかそうなイメージがあると思いますが、実は一番堅い色なんです。

青と白の混ざった色が水色ですが、青は〝正義感〟を表す色です。白は〝純粋〟、そして〝攻撃性〟もある色だと説明しました。この2つが合わさると、口がうまい人を前にしても正しさを冷静に判断し、流されない自分を保つことができるのです。

なので、大事な商談がある時や、口がうまい人の話を聞く場面

には、水色の服を着て行くといいです。

それから、恋愛でも口がうまい人や押しが強い人っていますよね。彼らのうまい言葉に乗っかって「この人、私のことが好きかも」「一晩ぐらい一緒に過ごしてもいっか」と勘違いしてしまったことはありませんか？

恋愛で流されやすい人や、押しに弱い人は、水色の下着を着けましょう。外からは見えませんが、冷静に判断して、ちゃんと断る精神が宿ります。

逆に、流されやすくなってしまう色はパープルです。

パープルは、〝情熱〟を表す赤と、〝正義感〟を表す青が混ざった色ですよね。情熱的になるので、「この人の言っていることは正しい！」と思い込んでしまい、たとえ間違っていても、正義感から相手を信じようとしてしまうのです。水色と違って、正義感が良くないほうへ働いてしまうということです。

恋愛の場面でも、相手の言ったことの全てを、本気の愛として捉えがちになります。

さらにパープルは、黒と同じで〝セクシーさ〟を表す色でもあります。赤の情熱と、青の正義感や冷静さがぶつかり、気持ちをうまくコントロールできない状態。「好きになってしまったんだから、仕方がない」という気持ちを表します。なので、恋愛モードになりやすく、「そんなに好きって言ってくれるなら、私も好きになっちゃうよ」と、気持ちが盛り上がってしまいやすいのです。

「今日は絶対に流されないぞ」と思ったら、水色一択！　紫を着ている日は……いっそのこと流れに身を任せてしまいましょう！

MAGIC ROUTINE

20

恋愛運・仕事運・人間関係運

靴の買い替え時は、仕事や恋愛の新しい出会いの始まり

新しい縁を作りたい時に、あなたは何をしますか？　出会いはあるのに、そのことに気づかない人はたくさんいます。そんな人は、まず冷静に自分や周りを見つめ直すべきです。

その上で、アクションは起こしているのに「新しい出会いがないな」「運が滞っている気がする」と感じているなら、まず靴を買い替えましょう。

12星座は、それぞれが体のパーツをつかさどっていると説明しま

したよね。それで言うと、足は魚座と対応しています。魚座は、人との縁や絆、つながりを表しています。なので、靴を新調することで、出会い運を上げて、良い縁を結ぶことができるのです。

手入れもせずに靴をボロボロのまま履き続けるということは、良い縁を運べなくなっている状態です。履く頻度にもよりますが、靴は消耗品なので、だいたい3年ぐらい経てばくたびれてきますよね。

靴を買い替えることでできる縁は、仕事や恋愛などの全ての縁です。仕事の縁が欲しい人も、恋愛の縁が欲しい人も、新しい友達が欲しい人も、やってみる価値はありますよ。

また、靴ほどではありませんが、靴下を新調したり、ペディキュアを替えたりして、足に何か変化を起こすことでも、同じように新しい縁が結べるかもしれません。アンクレットやミサンガをつけるのもいいですね。

そもそも、ものにはパワーが宿っています。生命が誕生して死んでいくのと同じように、ものも生まれてきて死んでいきます。古くなると、ものが持っているパワーがすり減っていき、ボロボロになったら、それは死を迎えたということなのです。

仕事で成功している人、モテる人、ファッション上級者……ツイてる人は、みんな足元が美しいです。いくらボロボロで愛着があっても、時には捨てる勇気を持つことも大事なんですよね。

MAGIC ROUTINE

21

人間関係運・メンタル運

自己主張が苦手な人はゴールドのスマホ、余計な一言が多い人はシルバーのスマホを選ぶと欠点を克服しやすい

スマホの色を選ぶ時、いつも何色を選んでいますか？　スマホの色でよくあるのは、シルバーとゴールドですよね。在庫の状況で色が選べないことも多々ありますが、それも縁です。

ゴールドは金運やお金を表す色です。お金は人の心を惑わせるという、不思議な力を持っていますよね。そのため、ゴールドには、いつの間にか自分に注目が集まっていたり、輪の中心にいられたりするエネルギーが備わっています。

ゴールドは、古くは王族などの

限られた人が身に着けるものでした。なので今でも、実際に権力を持っている人や、心のどこかで「権力を持ちたい」「注目されたい」「特別扱いをしてほしい」「褒められたい」「もっと愛してほしい」と思っている人が身に着けがちです。

シルバーは、全体を見る目を持ち、誰にでも平等に接する人に好まれます。また、周りに流されずに、自分のやり方を大切にし、自分の生き方を正当化したい気持ちが強い時に選びます。そして、万人から愛される必要はなく「自分のことをわかってくれる人にだけ好かれればいい」と考えるような人、つまり自分らしさやオリジナリティにこだわる人、職人かたぎな人や芸術肌な人が、シルバーを選ぶでしょう。

私が出会った人を思い浮かべても、ゴールドは経営者タイプの人、シルバーはクリエイティブタイプの人が持っていることが多いと言えます。

この、それぞれの色が持つエネルギーを使って、自分の欠点を克服することができます。

自己主張が苦手な人や、みんなの輪の中に入るのが苦手だと感じている人は、ゴールドのスマホを持つといいでしょう。自分に注目が集まったり、話を聞いてもらいやすくなったりします。

逆に、自己主張が強すぎる人や、つい一言多くなってしまう人は、シルバーのスマホを持つといいでしょう。控えめになれて、言葉や発言で目立つことよりも、結果や内容や作品で自己表現をし、周りから認められるようになります。

ただ、色選びを間違えると、色のエネルギーがネガティブに働いてしまうことがあるので、注意してください。

例えば、もともと自己主張が強すぎる人や、権力がある人がゴールドを持つと、それが助長されてしまい、わがままで、誰の意見も聞かない人という印象を強めます。権力でみんなを従わせる、悪い王族のようなイメージです。

また、もともとこだわりの強い人がシルバーを持つと、それが助長され、一匹狼になってしまうかもしれません。「わかってくれる人にだけ好かれればいい」という姿勢は孤立を招きます。

ちなみに、会社で支給するスマホやパソコンは、シルバーのほうがおすすめです。実際にシルバーが多いはずです。ゴールドにすると、社員みんなを自己主張が強くわがままになる方向へ導いてしまうかもしれません……。経営者のみなさんは気をつけてください。

スマホの色を選ぶ時に、ゴールドかシルバーか意識するだけで、人間関係をうまくいかせる助けになります。現代人が肌身離さず持ち歩くものといえばスマホですから、その力はあなどれません。

MAGIC ROUTINE

22

メンタル運

いちかばちかの賭けに出たい時は、古着を買ってみる

MAGIC ROUTINE

23

金運

お金持ちの人から財布をもらうと、収入が上がる

古着は、占い的にはハイリスクハイリターンな服です。なぜなら、前に着ていた人の運気が自分に影響してくるからです。

あなた自身が運の強いタイプだったら、前に着ていた人の運気に侵されることはないでしょう。ただ、良くも悪くも、ほとんどの人は影響を受けます。

例えば、悪いことをした人、不運な人、ネガティブな人が着ていたものだったら、あなたがそれを引き継いでしまう可能性があります。逆に、すばらしいことを成し遂げた人、ラッキーな人、ポジティブな人が着ていたものだったら、いい影響を受けるでしょう。

中古品や古着には、以前の持ち主の念や思いなどが詰まっているものです。もし、「最近調子が悪い」と思うことがあったら、身に着けている古着のせいかもしれません。

もちろん、古着を身に着けることで運が上がることもありますから、「最近運が滞っているな」「何か変化を起こしたい」と思ったら、あえて古着を選ぶのもひとつの手です。
ちなみに、新品にリスクはほとんどありません。店員さんや試着した人が触るぐらいなら、念や思いは入っていないでしょう。

古着や中古品を買うのは悪いことではありませんし、ほとんどの場合が何も起こらないか、手に入れた側の気持ち次第でポジティブに働くと思います。財布などの小物も同様で、特に、金運と深く関係しているお財布は、前の持ち主がお金持ちかどうかに大きく左右されます。運がいい人や、お金持ちの人から財布をもらうと、金運がアップして収入が上がるという話、聞いたことがありませんか？

でも、手に入れた途端に体の調子が悪くなったり、運が悪いなと感じることがあったら、どんなに気に入っていても手放してみたほうがいいと思います。
実力以上の力を出したい時にいちかばちかの賭けで買ってみて、運気が上がるのを実感できたら、その服は大切にしましょうね。

MAGIC ROUTINE

24

メンタル運

自宅から見て会社とは反対方向にあるショップで買い物してみると、気分が上がる

最近いいことないな……と思った時に、手軽にできる開運術があります。それは、自宅から見て会社とは反対方向にあるショップで買い物をしてみることです。

例えば、地域ごとに店舗があるセレクトショップや量販店であれば、普段、出勤などで行く方向とは逆の場所にある店舗に行くのです。

映画館などでも、もちろんOKです。同じ映画を上映しているのなら、普段とは逆の方向の映画館に行ってみてください。

運気を上げるために大事なことは、「変化」なんです。休みの日なのにいつもと同じ方向に出かけると、変化が起きずに、運気が滞ってしまいます。

できれば少しの移動でも、違う方向に行くことで変化を起こしましょう。普段と違う土地に行って、そこのエネルギーを浴びてくることで運が動くのです。

それだけで、気分も運気も上向きになります。

違う方向に行くほどの運気アップは期待できないものの、普段の通勤でできるプチ開運術もあります。

それは、いつもと違う車両に乗ったり、電車の中で違う行動をしてみたりすることです。普段音楽を聴いている人は本を読んでみるなど、いつもと同じ移動の中で小さな変化を起こすのです。もしかして、車両を変えてみたことで、思わぬ出会いがあるかもしれませんよ。

いつもは電車だけどバスを使うなど通勤のルートを変えても、すれ違う人や出会う人が変わりますから、何かいいことが起こるかもしれません。

また、「あの会社で働いてみたい」などの強い思いがある人は、その会社の近くに遊びに行くようにしたり、飲食店で食事をしたり、周辺の神社にお参りして帰ってくることを心がけてみましょう。すぐに効果は出ないかもしれませんが、何度も通ってその土地の〝気〟を自分に吸い込ませ続けると、その土地の神様があなたをその会社に入社できるように引き寄せてくれます。その土地の気をまとうことで、そこにいるのが当たり前というふうに徐々に思えてくるでしょう。

こうやって、小さな変化を積み重ねて、運を少しずつ動かしていくことを心がければ、いつの間にかあなた自身が変わっているはずです。

MAGIC ROUTINE

25

仕事運・金運

自分にとって「高い」と思う値段のアナログ腕時計を買うと、お金回りが良くなる

腕時計を買うなら、まずケチらないでください。高級時計じゃなくても、あなたにとって「高いな」と思うくらいの値段でOKです。自分へのご褒美として買うぐらいの値段をイメージするといいですね。

芸人の世界では、「無理していい部屋に住んだほうが売れる」と言われますが、高い時計を買うのもそれと同じです。高い買い物をすると、自分を追い込むことができて「お金を稼ごう！」という意欲が高まり、またそれに見合った

仕事が舞い込んでくるという話です。

本業をがんばればお金を稼ぐためのアンテナが研ぎ澄まされ、効率のいい副業が見つかる、なんてこともあるかもしれませんね。そのハングリー精神が、金運アップにつながります。

実際に、私の知り合いのサッカー選手に高い時計を買うことをすすめたところ、チームの二軍から一軍のレギュラーに昇格しました。その後も、別のチームに移籍し、引き続きレギュラーになって試合に出続けています。

背伸びした買い物をするとお金回りが良くなるという話はよく聞きますが、本当にそういうケースも多いので、あなどってはいけませんよ。

そして、その時計はアナログにするといいです。

アナログの腕時計は、地球の自転の動きを腕に着けているということです。太陽が東から昇って西に沈み、そしてまた東から太陽が昇る。この天の循環のエネルギーの動きを、アナログ時計の円の動きで表していると考えてください。そして、この天の循環のエネルギーを味方につけることができたら、お金回りが良くなります。背伸びして買ったお気に入りの時計なら、なおのこと。また、時間を大切にすることで、自分に良い運気が流れ込んできます。運勢のバイオリズムが意識でき、チャンスのタイミングがわかり、幸運も掴みやすくなるでしょう。

自分へのご褒美に、いちかばちか!? おしゃれなアンティークのアナログ腕時計などいかがでしょう?

Change the
Food

食べ物を変える

食生活が整えば、性格と運命が整う

私は、性格イコール運命だと考えています。

現状がうまくいっていないのであれば、それは自身の性格に起因しています。状況が改善されない、何をやってもうまくいかないと思う人は、運命を呪うのではなく、性格を変えることに全力を注ぎましょう。そうすれば運命が変わっていき、道も開けます。ただし、それを普通に行うと大変な痛みを伴い、時間もかかります。そこで、おすすめするのが食生活を変えることです。

どんな性格の人でも絶対に欠かせないのが食生活です。性格を直したいなら、まず食べ物を見直しましょう。例えば、ヨーグルトなどの発酵食品を食べて胃腸を整えると、幸福感を感じてコミュニケーション運が高まるので、人間関係も整っていきます。また、肉よりも野菜を意識して食べるようになると、自己主張したい気持ちが抑えられるようになります。

このように、自分の性格や、置かれている環境に自覚を持って、「ここの部分を直そう・補おう」と考えながら食べるといいでしょう。

家に帰って一人になった時、一日を振り返って「ああ、またやってしまった……」と後悔することがありますよね。私もよくあります。食べ物で体と性格を整えると、この後悔を減らすことができ、もっと自分を好きになれるはずです。

食べ物で運気をアップさせるには、まず食べ物に感謝することが基本です。私たちの口に運ばれるまでに、さまざまな人が関わっているということを意識しましょう。テレビを見ながら、ぼーっとしながら食事をしていては、体の栄養にはなりますが、食べ物が持つ神秘的なエネルギーは受け取れません。

これから紹介していくのは、この食べ物への感謝をベースに、神秘的なエネルギーをより多く取り入れられるような、料理や飲み物の色や形も踏まえた開運術です。知識を蓄えて、楽しみながら食事することも運気を高めるコツです。

「いつもの食生活」を「運気アップの習慣」に変えてみませんか？

MAGIC ROUTINE

26

仕事運

ナメた後輩を手なずけたい時は、パスタをおごってみる

コンプライアンスや価値観のギャップもあり、職場の後輩を指導することが難しい時代です。その結果、ナメた態度を取られたら、ついイラッとしたり、落ち込んだりしますよね。そんな時は、後輩を誘ってイタリアンに行ってパスタを食べてみてください。アラビアータかペペロンチーノはどうでしょう？

アラビアータのソースは赤、ペペロンチーノにも赤い鷹の爪が入っていますよね。陰陽五行論で赤は「火《か》」と対応し、〝自己表現〟

を表しています。

なので、赤いものを食べると、本来の自分を表現でき、自分を下に見ている人がいる時には、ナメられない態度を取れるようになるでしょう。

さらに陰陽五行論では、「辛い」という味覚は「金」と対応し、男女ともに仕事運を表しています。アラビアータもペペロンチーノも辛いですから、仕事運の「金」と、先ほどの自己表現の「火」のエネルギーが合わさることで、後輩がなついてきたり、仕事上での自己プロデュースがうまくいったりするというわけです。

それから、ニンニクも「金」と対応しています。ペペロンチーノとアラビアータは、仕事上の人間関係をより良くするためにぴったりな料理と言えます。

あと、餃子も同じくニンニクをたっぷり使った料理ですよね。定番の酢醤油とラー油ではなく、酢とコショウで食べると、同じような効果が期待できます。酢醤油とラー油で食べた場合、醤油はしょっぱく、色は黒なので、陰陽五行論では「水《すい》」のエネルギーになります。ラー油は油で色は赤なので「火」のエネルギーです。酢は味の酸っぱさが「木」を表し、色が薄い黄色で「土」の要素を持っています。ただ、主役は醤油になるので「水」のエネルギーが強まります。酢とコショウで食べると、コショウの味は辛いので、「金」になり、色は黒なので「水」のエネルギーになりますが、こちらのメインは酢になるので、周りとうまく調和しようとする「木」と財運を表す「土」のエネルギーが高まります。なので、酢とコショウで食べたほうが、後輩にナメられなくなるのはもちろん、味方が増え、コミュニケーション運、出会い運、金運が高まります。男性なら恋愛運も高まります。

この開運法は、食事に誘うことから始まっています。もし仲良くなれたあかつきには、ネタばらししても面白いかもしれませんね。

MAGIC ROUTINE

27

恋愛運

職場の気になる人と うどんを食べると、 恋愛に発展しやすい

仕事仲間と恋愛に発展するのって、なかなか難しいですよね。こういう悩みはよく耳にします。

そんな人におすすめしたいのが、ランチなどで一緒にうどんを食べることです。

古代中国から伝わる占術「易《えき》」の八卦《はっけ》（→P157）では、長いもの全般を「巽《そん》」で表します。この「巽」には、縁談、信用、通信などの象意《しょうい》があり、長いものを食べることによって、恋愛がうまくいったり、結婚に発展したり、気になる相手から連絡が来たりする

などの運を高めます。

うどんは「太くて長い」麺のイメージから、長寿や、夫婦生活を長続きさせる縁起物としても知られています。加えて消化に良いこともポイントです。

陰陽五行論で「土」は〝人気運〟や〝コミュニケーション〟を表していて、胃腸や消化器系とも対応しています。なので、胃腸や消化器系を大事にすることで、人脈を築きやすくなります。しかも「土」は男性にとっては、恋愛運、結婚運とも対応します。消化に良いものを食べることでコミュニケーションがうまくいき、長いものを食べることによって縁談や結婚の運気が高まるというわけです。


実際に、胃腸の調子が悪いとすべてのパフォーマンスが下がり、逆に調子がいいと体だけでなく気分もいいですよね。普通のデートでは、うどん屋さんにはなかなか行かないと思いますが、最近ではお酒も飲めるお店が増えています。うどん屋さんに気軽に誘えるのは、仕事仲間としての関係があってこそ。うどんで心も体も温めて、まずは人生相談から始めてみてはどうでしょう。

MAGIC KOBUSHI

28

うどんを食べても ダメなら、 カレーを食べに行ってみる

うどんは縁起がいいとはいえ、毎回というわけにはいかないでしょうから、うどんの次は、カレーを食べに行ってみましょう。

陰陽五行論では、「金」は女性にとっての恋愛運と対応させることができます。また、「金」に対応している味覚は「辛味」です。なので、好きな人と一緒に辛いものを食べると、恋愛に発展しやすくなるのです。

さらに、先ほども説明しましたが、陰陽五行論で「土」は人気運やコミュニケーション運を表して

います。男性にとっては、恋愛運、結婚運とも対応します。そして、「土」は黄色や茶色と対応しています。カレーは茶色なので「土」のエネルギーもあり、関係を築きやすくなるのです。

合わせ技で、カレーうどんを注文するのもありですね。

仕事仲間に限らず恋愛に発展させたいなら、まずはランチで「カレー」と「うどん」。好き嫌いの分かれる辛いものを一緒に食べられるだけでも相性がいいですよ。

MAGIC ROUTINE

29

恋愛運

サプリメントに頼りすぎると、恋愛で満たされなくなる

サプリメントは、不足した栄養素を補う分にはいいのですが、そればかりに頼りすぎてはいけません。できるだけ食べ物から栄養を取ることを、おすすめします。

陰陽五行論とは、森羅万象を表す「木」「火」「土」「金」「水」の5つの要素を陰と陽に分け、バランス良く調和させ、読み解いていく運命学の考え方です。水が木を生み、木は燃えて火を生み、火が燃えて灰になり土が生まれ、地中から金が生み出され、金は表面に水滴ができ水を生み出します。こ

の自然の循環を表しているのが、陰陽五行論です。

私たちが食べている植物や動物も、もちろんこの循環の中に組み込まれています。例えば果物なら、木の上ですくすくと育ち、水と太陽の光を浴び、実が落ちて、やがて土になり、そこからまた新しい芽が育っていきます。

サプリメントではなく、この自然の循環の中にあるものを食べて栄養を摂ったほうが、自然のエネルギーを蓄えられるのです。陰陽五行論のそれぞれのエネルギーが働いていますから、ここまで説明してきた恋愛運や仕事運、人間関係などが安定するようになるでしょう。すると、健全な生き方ができ、心が満たされて、愛のある人生を送ることができるはずです。

では、サプリメントを摂りすぎるとどうなるのか？

科学的な理屈では体調が整いますから、極端に言えば肌もきれいになって、モテることもあるでしょう。でも、いいモテ方ではないと、私は思います。心の底から満たされていないと、相手には優しくできませんよね。どこかドライだったり、ツンデレになったり、情緒不安定になったりします。男性の場合は、コミュニケーションが雑になったり、辛辣な意見を言ったりすることも考えられます。

でも、恋愛においては、そういう人が魅力的に見えることってよくありますよね。「冷たい人が好き」「追う恋がしたい」「優しいだけじゃイヤ」という人、いますよね。だから、モテるようになる可能性があるんです。

しかし本人は、モテても満たされない状態にあります。相手に優しくすることもできません。モテたとしても、果たしてそれでいいのでしょうか?

「地産地消《ちさんちしょう》」という言葉もありますが、できるだけオーガニックな食べ物を選び、その土地に根付いた食材や料理から栄養を摂りましょう。食べ物には、それぞれにエネルギーが宿っています。サプリメントに頼りすぎないようにしましょう!

MAGIC ROUTINE

30

恋愛運

タイ料理屋でデートすると、仲が深まりやすい

高級な和食屋や、おしゃれなイタリア料理もいいですが、デートにぴったりな料理として私がおすすめしたいのは、タイ料理です。

タイ料理は辛いものが多いですよね。中でも特におすすめなのが、トムヤムクンなどの赤い料理です。赤は陰陽五行論の「火」と対応しています。「火」には自己表現のエネルギーがあり、「相手のために何かしてあげたい」という気持ちが芽生え、2人の間にサービス精神が生まれてお互いを気遣えるようになります。

また、体が熱くなると気分もハイになり、会話が盛り上がって仲良くなりやすい。そして、かいた汗はお開きに近づくにつれて引いていき、徐々に体が冷えてきます。すると別れ際には寂しさが募って、もっと一緒にいたい気持ちになっていくのです。そもそも、タイには南国の陽気なイメージがあるので、タイ料理の誘いを受けてくれた時点で、その場を楽しもうという気持ちが生まれています。

タイ料理に誘う時には、相手はパクチーが食べられるのか、辛いものが好きか、気になると思います。どちらも好き嫌いが大きく分かれる食べ物ですよね。

でも、まずは気にせず誘ってみてください。

食べ物の好き嫌いの傾向は、「人の好き嫌い」とリンクすることが多いです。つまり、相手が自分のことを好きで、食べ物の好みも合致した場合は、その気持ちが強く出ますし、逆もしかり。デートで食べた料理を喜んで食べているかどうかは、恋愛関係に発展するかどうかを判断させてくれるポイントのひとつです。

タイ料理はそんなに高くないですし、友達や恋人候補を誘いやすいですよね。「ちょっと気になるな」くらいの人を気軽に誘って、反応を見てはどうでしょう？

MAGIC ROUTINE

31

カウンターで相手に左側に座ってもらうと、自分を良く見せられる

並んで歩く時や、カウンター席に座った時など、デートで横並びになるシチュエーションでは、相手に左側に座ってもらいましょう。

横顔は、右と左でそれぞれ本音と建前を表しています。右側は、本音やプライベートなど、あなたの本当の性格が出ています。そして左側は、建前や社会に対する顔で、「こう見られたい」という願望が出ています。

なので、相手には左側にいてもらって、あなたの左の顔を見せる

ほうが、本音をうまく隠すことができ、自分を良く見せることができます。

ちなみに、これはＳＮＳやマッチングアプリの写真などでも使える技です。左側の横顔を、アイコンにしてみましょう。加工しすぎて誰だかわからなくなるより、横顔のほうがさりげなく個性も出せます。

自然と相手が左側に来るように誘導して、上手にアプローチしてみてください。もし、うまく誘導できなかった場合は本音でぶつかったりするなど、作った自分ではなく、本音で語ったほうがうまくいくサインだと思いましょう。自然体の自分をそのまま受け入れてくれる人との出会いだったということです！

MAGIC ROUTINE

32

人間関係運・金運

おごってもらいたい時は、唐揚げにレモンをかけて取り分けてみる

あなたは唐揚げにレモンをかける派ですか？　もしかけない派だとしても、飲み会で「レモンかけていいですか？」と聞いてみましょう。そして、できればレモンをかけて、取り分けましょう。そうすると、その飲み会の出費は抑えられるかもしれません。

レモンは酸っぱいですよね。酸味は、陰陽五行論の「木」と対応しています。「木」を自分＝当事者と見立てると、酸っぱいものを食べることで自分自身のエネルギーが強くなり、「木」から「火」

のエネルギーが生まれ〝自己表現力〟がアップします。

すると、あなたの希望が通りやすくなったり、希望がそれとなく相手に伝わるようになったりします。「今日はおごってほしいのかな？」と、相手が受け取ってくれる可能性があるということです。

もうひとつの要素は唐揚げの鶏肉。油は「火」です。そして、肉自体は陰陽五行論では「金」と対応していますが、「金」をさらに五行で分ける段差五行では鶏肉は「火」に分類されます。なので、火のエネルギーの〝自己表現力〟や、何かしたことによる〝成果の報酬〟を高めます。金運は「土」と対応していて、火のエネルギーが高まることによって土が生まれるので、金運も高まります。お金に結びつくまでの行動は「火」のエネルギーにかかっていると考えてください。

この「木」と「火」のエネルギーが入った食べ物が、レモンのかかった唐揚げです。ちなみに、「火」は収入アップや玉の輿などの運気とも結びついています。

また、おごられるだけでなく、あなたが気持ちよくおごってみるのもおすすめです。その行動が、思わぬ良い成果を招くかもしれませんよ！

MAGIC ROUTINE

33

仕事運・人間関係運

新しい環境に飛び込む日の朝、ヨーグルトに蜂蜜をかけて食べる

MAGIC ROUTINE

34

仕事運・人間関係運

卵かけご飯は、混ぜる前に黄身と白身を一回見る

就職して初めて出社する日、転職や異動の初日など、新しい環境に飛び込む時は何歳になっても緊張しますよね。

そんな日の朝は、ヨーグルトに蜂蜜をかけて食べてみましょう。ここまででも何度か出てきていますが、陰陽五行論の「金」と「土」のエネルギーがあるからです。

「金」は女性にとって恋愛運を表していますが、男女ともに仕事運も表しています。そして、「金」は白色とも対応しているので、朝食向きの白い食べ物であるヨーグルトを摂ると、仕事運がアップします。

「土」は人気運やコミュニケーション運を表しています。そして、「土」は黄色や茶色と対応していますから、黄色い蜂蜜（金色とも言えますね）を食べると、人間関係がうまくいきやすくなります。「土」は胃腸や消化器系とも対応していて、ヨーグルトは腸内環境を整えてくれますから、さらに「土」のエネルギーが高まるでしょう。

もし「朝にヨーグルトだけでは物足りない」という人がいたら、白と黄色の組み合わせの卵料理、目玉焼きやゆで卵、卵かけご飯でもいいと思います。

ただし、「白」と「黄色」であることがポイントなので、蜂蜜ヨーグルトも卵かけご飯も、あまりかき混ぜないで、ゆっくり食べましょう。少なくとも、かき混ぜる前に一回ちゃんと見る！　写真を撮ってもいいかもしれませんね。ぜひやってみてください。

ここぞという時は朝食で腸内環境を整えて、自信を持って新しい環境に飛び込んでいってください！

MAGIC ROUTINE

35

人間関係運・メンタル運

自己主張が強すぎる人は、野菜を多く食べると気持ちが落ち着く

あなたは焼き肉に行った時に、お肉ばっかかり食べるタイプですか？

もしそうなら、自己主張が強くなりすぎているかもしれません。

お肉を食べること自体はいいことです。たんぱく質が摂れますし、野性的な勘も鋭くなるので、恋愛運と仕事運が向上します。でも、大切なのはバランスです。

ファッションの章で、陰陽五行論で肉は「金」と対応していますが、「金」の中をさらに五行で分

ける段差五行では、牛は「木」、野生動物は「金」と対応していると説明しました。でも、これは細かく分けた場合の話で、肉全般は陰陽五行論の「金」と対応しています。そして、油は「火」と対応しています。

「金」は〝攻撃性〟を表し、「火」は〝自己表現〟のエネルギーがあります。なので、肉ばかり食べて「金」と「火」のエネルギーが強くなると、我が強くなる傾向にあります。具体的に言うと、リーダーでもないのにリーダーシップを取ろうとして失敗したり、周囲から浮くような突拍子もない発言をしたり、空気を読まずに場を仕切ろうとしたりします。

さらに、「土」はコミュニケーションを表し、胃腸などの消化器と対応しています。若ければ大丈夫かもしれませんが、肉と油ばかり摂っていると胃腸が疲れてきますよね。すると、我が強いことに加えて、ますますコミュニケーションがうまくいかなくなってしまいます。

ここまでの話で思い当たることがあった人は、「金」と「火」のエネルギーを抑えるために、野菜を多く食べるようにしてバランスを取りましょう。我の強さが落ち着いて、空回りも減っていくはずです。

ただし、野菜ばかり食べているのも、あまり良くありません。野菜全般は、陰陽五行論の「木」と対応しています。「木」を自分自身に置き換えてみてください。樹木はある程度育った段階で切りそろえて剪定《せんてい》しないと、葉っぱ全体に太陽の光が当たらなくなって、きれいに伸びていきませんよね。この、剪定する、木を切るエネルギーは、「金」から生まれてきます。バランス良く成長するためには「金」のエネルギーが必要で、そのためには適度にお肉を食べることも重要なのです。

食事は、お肉と野菜のバランスが大切です。「自己主張が強いかな？」「周囲からウザいと思われてないかな？」と気になる人は、新鮮な野菜をもりもり食べましょう！

MAGIC ROUTINE

36

仕事運・人間関係運・メンタル運

サービス精神が必要な時は、納豆を食べる

会食やゴルフなどの接待、笑顔が必要な接客の仕事をする時や、プライベートでもパートナーの実家に帰省して義理の両親と会う時など。人生には、サービス精神を発揮しなければいけない場面がありますよね。

そんな時は、血液がサラサラになる食品を食べることをおすすめします。納豆、お酢、梅干し、青魚、海藻などです。発酵食品はパワーフードだと前にも書きましたが、ここでも納豆はおすすめ食品です。

陰陽五行論で「火」は自己表現を表していると、ここまで何度か説明してきました。そして「火」は心臓などの循環器系と対応します。血液がサラサラになってうまく循環すると、自己表現のエネルギーが高まって、笑顔を振りまけるようになったり、相手のために何かしてあげようという気持ちが生まれたりします。

もし「最近人に優しくできないな」とか「会話をしても否定から入ってしまうな」「笑顔が足りないかも」と思ったら、「火」のエネルギーが弱まっているのかもしれません。油の摂りすぎで血液の流れが悪くなっていないかにも気をつけてみてください。油っぽいものを意識的に控えることで、改善できるでしょう。

血液をサラサラにするものを食べるだけでなく、血の巡りを良くする方法を試してみるのもいいでしょう。デスクワークの人は定期的にストレッチをしたり、入浴の習慣をつけたりして、血流を改善するのも効果が期待できます。

笑顔が減ってきたら、血の巡りを意識して改善してみましょう！

MAGIC ROUTINE

37

メンタル運

やる気が出ない時は、朝にコップ一杯の水を飲む

やる気が出ない。なんでも後回しにしてしまう。そんな時は、コップ一杯の水を飲みましょう。

陰陽五行論の「水」は、〝知性〟や〝思考力〟を表しています。やる気が出ないということは、水のエネルギーが弱くなっているからです。なので、補給した水分が体を巡り、余計なものを排出してくれれば、本来あなたに備わっている力を復活させることができます。

知性や思考力のエネルギーが弱くなると、「これでいいや」と投げやりになってしまいます。妥協

して成功することもありますが、それは十分に努力したあとで天に運命を任せているからです。やる気がなくて投げやりになった場合は、まず失敗します。

また、「水」はインプットするエネルギーとも関係しています。特に、何かを勉強中の人は、小まめに水分を摂らないと、集中力が低下して記憶力も落ちます。水分を補給すると、模倣する能力が高まります。成功している人のやり方を真似するようにもなれるんです。逆に水分が足りていないと、うまくいかない時でもやり方を変えられず、どうしても今の自分のままでいこうとしたり、無理に物事を押し通そうとしてしまいます。でも、「水」のエネルギーが高まっていると、素直さが増し、「成功するにはまずは模倣から」と柔軟に物事を考えられるようになるでしょう。つまりツイている人は、体内が潤っているんです。

それから、「水」は腎臓、膀胱などの泌尿器、婦人科系、髪の毛とも対応しています。「最近やる気が出ないな」と感じたら、腰のあたりに違和感がないか、それは腰痛ではなく内臓からきているものではないか、気にかけておきましょう。

朝にコップ一杯の水を飲むのは簡単。体を冷やさない白湯ならなお良しです！

MAGIC ROUTINE

38

人間関係運

苦手な人からの手土産は、食べずに捨てるか人にあげれば疎遠になれる

MAGIC ROUTINE

39

恋愛運・仕事運・人間関係運・メンタル運・金運

生産地とは真逆の方角にお土産を置くと、運気が上がる

苦手な人や嫌いな人からもらった食べ物は、すぐに手放しましょう。そこに情けは必要ありません。

もしあなたに片思いをしている人から何かをもらった時も同様です。そこにはただの手土産以上の強い念がこもっています。相手の思いが強いほど、念の力でほかの人と結ばれないような流れになったり、その人との腐れ縁が切れなくなったりしてしまいます。恋愛感情を抱けず、相手の愛情が重すぎると感じたらなら、すぐに手放しましょう。念って本当に怖いんですよ。

食べ物に関しては、一度食べて体に入ってしまうと、消化されて排出されたとしても、少しの期間はそのエネルギーに左右され、あなたが気になる相手とはうまくいかなくなってしまうでしょう。なので、心を鬼にして捨ててしまうか、「ありがとう。でも私これ苦手なんです」などとうまく理由をつけて、ほかの人にあげちゃいましょう。そうすると、疎遠になることができます。

つい、心が痛んでしまって「後で捨てよう」などとしがちですが、それもできれば避けましょう。ちょっとしたプレゼントでもらう石鹸や入浴剤も、使わないほうがベターです。どうしても捨てるのがもったいなければ、フリマサイトで売ってください！　ほかの誰かの役に立つはずです。

もちろん、人からもらうものの全てが悪いわけではなく、親しい人や好きな人からもらったもの、もらって気持ちのいいものは食べても使っても大丈夫です。

それから、旅行に行った知人からお土産をもらっても、置き場所に困ることがありますよね。そんな時は少し方角を気にかけるだけで、その土地のエネルギーを家に持ち込んで、運気を高めることができます。

例えば、あなたの家が東京にあるとして、北海道などの北に行った際のお土産をもらったとします。その場合、家の中の一番南側に置くと、北海道のエネルギーが家に入ってきます。

つまり、お土産を買った方角と真逆の場所に置くということです。北に行った際のお土産なら、家の中の一番南側に置く。南東のお土産なら、家の中の一番北西側に置く。これだけで運気の通りがよくなります。自分で買ったお土産でも同じ効果が期待できます。この効果を覚えておけば、置き場に困るお土産を頂いた時も、楽しんで有効活用することができるでしょう。

手土産やお土産は、基本的にはもらってうれしいものです。だから、「なんか嫌だな」と少しでも感じたら、その直感を信じて行動しましょう。

MAGIC ROUTINE

40

人間関係運

店名に「山」が入った居酒屋を予約すると、人脈が広がる

MAGIC ROUTINE

41

恋愛運・仕事運・人間関係運・メンタル運・金運

名前に「月」が入った人と仲良くすると、ツキが回ってくる

漢字は、その意味にちなんだエネルギーをまとっています。

例えば、「山」。陰陽五行論では、草木が生い茂っている山は、人が集まる場所を意味しています。なので、例えば会食をするお店の名前に「山」が入っていると、たくさんの人が集まり、人脈が広がる、そんな効果をもたらすでしょう。

人名でも「山」が入った人に関わると、その人からまた別の人へとつながりが広がっていきます。「山」が漢字のどこかに入っていればいいです。岩、島、岡、岬、岳、峯、嵐などです。


「上」や「天」もポジティブな漢字です。「上」には、ステップアップして上に昇っていく、成長する、というエネルギーがあります。

「天」には、天から愛されるようになるエネルギーがあり、恵まれる、楽ができる、生きやすくなる、などのエネルギーがあります。

いい例がお笑い芸人、ダチョウ倶楽部の上島竜兵さんです。「竜兵会」と呼ばれる、上島さんを中心にした会があり、メンバーから土田晃之さん、有吉弘行さん、劇団ひとりさんなどの売れっ子を生み出しています。人が集まる「山」が入っていて、成長する「上」が入っています。接していると、運気が上がっていく方なのだと思います。縁起がいいと言われる伝説の生き物の「竜」の字が入っていることも関係しているかもしれません。

ちなみに、そのような漢字が入っている人に、無理やり出会って近づく必要はありません。自然に出会った人との関係性を大切にしていればＯＫです。

それから、名前の中に「月」が入っている人と接すると、ツキがもらえるようになります。つまり、運を分けてもらえるんです。望、藤、朝、服、朋、朗、有などの漢字がありますね。

もしあなたの名前に「月」が入っている場合も、別の漢字で「月」を含んだ名前の人と接することで、あなたとは違うツキが舞い込むようになります。あなたが持っていない運が入ってくることで、チャンスが広がるのです。

ただ、「月」が入っている人と接する時には注意点があります。ほれすぎない、尊敬しすぎない、「この人についていけば大丈夫」と思いすぎないことです。もしそう思ってしまうと、あなたのツキを吸われて、運気が下がってしまうかもしれません。でも、基本的には「月」が入っている人と出会うのはラッキーなことなので、それだけ注意しながら縁を大事にしてください。

「なんかあの店、繁盛しているな」「あの人ツイてるな」と思ったら、もしかしたら名前が関係しているかもしれません。店名や周りの人の名前の漢字に注目してみると楽しいですよ。

MAGIC ROUTINE

42

仕事運・人間関係運・メンタル運

上司との関係に悩んだら、豚汁を作って食べてみる

上司との関係に悩んだ時におすすめしたい食べ物は、豚汁です。野菜もお肉も入っていて栄養満点ですし、食べるとホッと落ち着きますよね。ここでの主役は豚ではなく、具材のごぼうがポイントなんです。

陰陽五行論で「土」はコミュニケーションを表し、安定や現実という意味もあります。土から生まれる野菜はそれに当てはまります。スーパーでは土がついたまま売られている野菜もあるでしょ

う。その中で土色をしたごぼうは、ほかの食べ物より「土」が表すコミュニケーションのエネルギーが強い野菜です。

前にも書いた通り、「土」は胃腸などの消化器系と対応しています。食物繊維が豊富なごぼうを食べると腸の働きが活発になって、お通じがよくなります。また、うまくいっていなかった人間関係も改善され、安定していくでしょう。

特に、キツく言ってくる上司や、言うことを聞いてくれない部下に対してどうすればいいか悩んだ日、できればスーパーで買い物をして、家に帰って、自分で豚汁を作って、ゆっくり食べてみてはどうでしょう？

モヤモヤした気持ちも、調理をすることで次第に「この人に何を言っても無駄だ」「この人との関係で熱くなるのはやめよう」「どう思われてもいいや」と思えて、温かい豚汁を食べ終わる頃には、ねじれた関係を割り切れる気持ちが生まれるはずです。また、「土」のエネルギーが高まれば、仕事運を表す「金」も生まれてくるので、仕事がうまくいきます。

他者との関係を割り切ることができれば、マイナスに働いていたエネルギーが徐々にプラスに転換していきます。

そうなれば、あと一息です。地道に努力してきた自分を褒めてあげましょう。あなたが前向きになれば、上司や部下のいいところも見つかるかもしれません。「どんなにうまくいかなくても、結局コツコツやることが大切だ」「わかってくれる人は、きっとどこかにいる」と、前向きかつ客観的な視点を取り戻せれば、あなたのエネルギーはしかるべき場所に注げるようになっているはずです。

上司に対して「わかってくれない」と思う姿や、後輩を敵視していた姿は、本来のあなたが求めていたものでしょうか？　そんな時は、自分で作った豚汁を食べてみる。それは日常的にできる、自分を取り戻すための作業です。もしうまくいったら、同じような悩みを抱えている友人を見つけた時にも、腕を振るってみてはどうでしょう？

MAGIC ROUTINE

43

恋愛運

パートナーとケンカしたら、キャラメル味のかき氷を食べに行く

パートナーとケンカして頭を冷やしたい時や、客観的に考えたい時などは、かき氷を食べに行ってみてください。冷静になることができます。

冷たいものには、冷静に考えさせるエネルギーがあります。陰陽五行論の「水」は知性や思考力を表していますが、水が足りていないと思考力が停止してイライラすることが多いです。暑い夏にイライラしがちなのは、これが原因かもしれません。季節を問わず、

パートナーとケンカをした時などは、体が熱くなることで体から水分が抜けて、冷静さを欠くものですが、そんな時こそかき氷を食べに行くと、本来の自分が取り戻せるんです。

特におすすめなのは、キャラメル味です。茶色は陰陽五行論の「土」と対応し、〝現実〟や〝安定〟を表す色なので、感情的になって「別れる！」という結論を出すことなく、現実的に問題と向き合えるようになります。

また、最近人気のかき氷は、昔と違って氷がふわふわしていて、フルーツやシロップの味も豊富で、かなり進化していますよね。新しい味に触れて、受けた刺激をインプットして、雑念は水と一緒に体の外に出してしまえばいいんです。

熱くなっている時こそ、かき氷を食べてクールダウンしましょう。ひとりでもいいし、仲直りのきっかけに2人で行ってもいい。パートナーといい関係を築くために、週末にかき氷でもどうですか？

MAGIC ROUTINE

44

人間関係運・メンタル運

お酒の失敗が続いたら、飲むお酒の種類を替えてみる

普段、好んで飲んでいるお酒は、あなたの性格や行動のタイプを表している可能性があります。

白ワインを飲む人は、自己評価が高い傾向にあります。見た目に気を使っていて、自分の中の才能で勝負をして、結果を出している人が多いです。そして、人の上に立ちたいと思っているタイプでしょう。

赤ワインを飲む人は、自己主張が強かったり、それをこじらせていたりする傾向にあります。こだわりが強いタイプでしょう。

シャンパンを飲む人は、時に自分の性別を武器にする人が多いです。女性なら母性や色っぽさをアピールしてパートナーを捕まえたり、貢いでもらったりできるタイプです。時にはあざとさも魅力になると私は思っています。

ハイボールを飲む人は、ストレスをためやすい傾向にあります。普段は自分を抑えているぶん、お酒に飲まれて自分を解放したいのでしょう。酔ったほうが言いたいことが言えてうまくいく、というタイプでもあります。

ビールを飲む人は、コミュニケーションを取るのが上手な人。知り合いが多く、人脈をうまく使うことを意識しています。企画力があったり、盛り上げ上手だったりします。まずは自分が楽しむことを優先し、自己愛が強い傾向もあります。

日本酒が好きな人には、ガードが堅い人が多いです。いわゆる「女性らしさ」「男性らしさ」よりも「おっさん感」を出すことで、異性に対して壁を作っている傾向にあります。もしくは、頑固な人でしょう。

実はこれ、私が新宿二丁目と中目黒のバーで働いていた時に見つけた傾向なんです。この話を知人にすると「わかる！」と同感してくれる人が多いので、それそれのお酒が持っているエネルギーが関係しているのだと思います。

なので、日常的に飲んでいるお酒での失敗が続いてしまったら、別のお酒に替えてみると、お酒とあなたの性格がマッチして、頭を抱えるような失敗が減るだけでなく、より魅力的に自分を演出できるかもしれません。

例えば、白ワインを飲んで「昨日は偉そうに語ってしまったな……」なんて後悔した時。ビールを中心に飲んでみると、いつもより冷静に相手を見ることができて、楽しく過ごせるはずです。シャンパンを飲んで異性とトラブルになってしまった人は、日本酒を飲んでみるのはどうでしょう？　ガードの堅い雰囲気が出せて、興味のない人が寄ってこないようになると思います。

お酒の種類を替えることが、欠点を直すきっかけになるかもしれませんし、相手が何を飲んでいるかを見て性格を探ってみるのも楽しいですよ。

それに、人はギャップがある人を魅力的に感じる生き物です。あえて普段と違うお酒を飲んで、意外なあなたを演出してみると、いつもと違う日常が待っているはずです。ただし、飲み過ぎにはご注意を……。

MAGIC ROUTINE

45

メンタル運

疲労がたまった時は、ショートケーキとブラックコーヒーを注文する

MAGIC ROUTINE

46

恋愛運・仕事運・人間関係運・メンタル運・金運

発酵食品を食べ続けるほどツイてくる

疲れている時ほど甘いものが食べたくなるもの。そんな時におすすめしたいスイーツがショートケーキです。

「定番をおすすめ?」と思うかもしれませんが、運気を上げるパワーフードでもあります。実は陰陽五行論の5つのうち、4つの要素がそろっているんです。

まずは形。カットされたケーキは三角形で、陰陽五行論の「火」と対応。甘味は「土」、クリームの白色は「金」、イチゴの酸味は「木」と対応しています。

ここまでで足りないのが「水」です。これは、ブラックコーヒーで補いましょう。黒い色は、「水」と対応しているからです。

これで、陰陽五行論の5つの要素がそろいました。陰陽五行論は神羅万象を「木」「火」「土」「金」「水」の5つの要素、陰と陽に分けバランス良く調和させ、読み解いていく運命学の考え方です。この5つが揃うということは、物事の循環がうまくいくということ。つまり、あなたの身の周りの全てがうまく回っていくエネルギーが生まれるのです。

なので、疲労がたまった時にブラックコーヒーを飲みながらショートケーキを食べると、停滞していた運が動きだします。「最近いいことないな」と感じた時は、疲れた自分へのご褒美に食べるのもいいでしょう。

誕生日に、イチゴのショートケーキでお祝いすることが多いですよね。意識している人は少ないと思いますが、1年間全てがうまく回って、幸せに過ごせるようにと、ポジティブな願いを込めたパーティーフードでもあるんです。

ほかに、私のおすすめのパワーフードは、納豆、ヨーグルト、酢、キムチなどの発酵食品です。腸の働きを活発にすることで、胃腸などの消化器と対応している「土」のエネルギーが生まれます。そして、「土」のエネルギーが働くと、金運やコミュニケーション運、人気運などがアップ。幸福感も生まれ、人にも優しくなれるでしょう。納豆は原料が遺伝子組み換えではないものをおすすめします。

みなさんの悩みの大半は、胃腸を整えることが突破口になります。なので、「土」のエネルギーを生み出す発酵食品が、運気アップのベースとなるはずです。

ただし、パワーフードであっても、食べすぎ飲みすぎには要注意。胃腸が弱ったら元も子もありません。たまには体重計にも乗って、体調管理しましょうね。

03

Change the Room

お部屋を変える

家を自分にぴったりのパワースポットにする

運気を上げるために、神社や滝などパワースポットに出かけることがあると思います。それも良いことなのですが、毎日過ごす家をパワースポットにしてしまうほうが、楽ですし、トラブルに合わせた対応がしやすいです。

よく、新しく店が入ってもすぐに閉店してしまって、その後も次々とお店が入れ替わっていく不運な物件ってありますよね。逆に、お店が繁盛したり住む人が必ず出世していったりする幸運な物件もあります。このように、空間の良し悪しによって運命が決まっていくことがあるんです。しかし、住んでみるまで幸運な物件かどうかはわかりません。それに、子どもが実家を選ぶことはできません。

それでも家の中の〝お部屋〟を変えることは、あなたの力でできるはずです。

あなたが何をやってもうまくいかない状態なら、それは以前のお住まいから引っ越して来た方角の悪さだったり、部屋作りのせいかもしれません。改善できるところは改善しながら、困難を乗り越えていくことが、あなたの人生の課題なのです。

克服するために、まず家の中を変えてみましょう。インテリアの置き場所を変えてみる。家の中でのちょっとした行動を変えてみる。「たったそれだけ？」ということで、あなたの性格や運の流れが変わっていくことに気づくはずです。

心地いい環境を作ることができたら、お部屋がパワースポットになります。すると、人生が前向きに動き始め、〝ツイてる人〟になっていくはずです。

ファッションや食を変えてもダメ、お部屋で何をやってもダメな時は、引っ越すという手段もあります。「そろそろ引っ越そう」と思うのは、運命が変わるタイミングや、自分が変わるべき時のサインと捉えましょう。

まずは、次のページから始まるお部屋の開運術を試してみてください。部屋作りだけでなく、ルーティンを変えることも大切です。そうすれば、停滞していたあなたの運命が、きっといい方向に動きだすはずです。

MAGIC ROUTINE

47

仕事運

スリッパを履いて過ごすと、仕事の縁が生まれやすい

家でスリッパを履かない人、持っていない人は、ぜひ今すぐスリッパを買いに行って、履く習慣をつけましょう。

ファッションの章で、足は魚座に対応していると説明しました。そして魚座は、人との〝縁や絆〟〝つながり〟を表しています。そのため、スリッパを履いて足を守ることで、仕事上の良い縁や、新しい出会いを生み出します。

特にスリッパは、玄関に置いて、脱ぎ履きするものですよね。玄関は、家の中と外の気をつないでい

る場所です。家の外とは、社会を表しています。そして、玄関に置いてあるスリッパには、家の中と外をつなぐエネルギーがあります。なので、仕事の縁が生まれやすいアイテムだと言えるのです。

私の経験上でも、お金持ちの方の家に遊びに行った時は、必ずスリッパを出してくれます。良い縁を仕事につなげているからこそ、お金持ちなのでしょう。

ただし、いくらスリッパを履いて足を気遣っていても、足が汚かったら意味がありません。爪が割れていたり、足が臭かったりすると、魚座のエネルギーが悪いほうに働いてしまいます。そうなると、腐れ縁ができたり、トラブルを巻き起こすような出会いを引き寄せたりします。

仕事の縁がないとか、「最近仕事がマンネリ化してきたな」と思ったら、スリッパを履いてみましょう。足元のケアをしっかりとして、いい身だしなみで仕事に向かえたら、自然と素敵な縁も増えてきます。

MAGIC ROUTINE

48

仕事運

仕事で評価されていないと感じたら、家の中から見て玄関の右側にものを置く

こんなに仕事ができるのに、上司は全然評価してくれない！　そう思ったら、家の中から見て玄関の右側に、ものを置いてみてください。傘立て、鏡、小物、絵など、なんでもいいです。

すでに右側に下駄箱がある人は、そこに鏡や絵などを飾ってみましょう。

仕事ができるのに評価されていない人は、正論を言いすぎたり、つい〝正義感〟を振りかざしてしまったりと、自分より能力が劣っ

ている人を無意識に見下してしまって、相手にとがった印象を与えています。上司など上の立場の人は、あなたのその行動を見ています。それが評価されない原因になっているのでしょう。なので、それを改善する必要がありますが、玄関の右側にものを置くことで、そのとがっている部分を減らすことができるんです。

そうなれば、出世やお金を稼ぐためにはどうすればいいかを客観的に考えられるようになり、正義感とのバランスが取れるようになります。

理由は中国の神話にあります。

方角を司る「四神」という架空の生き物がいます。その四神のうち、玄関の外を朱雀に見立てて考えると、右にいるのが白虎です。

白虎は、西方位を守護します。陰陽五行論では、西は、「金」と対応しています。「金」は攻撃性を表します。なので、この方位が美しく整っていないと白虎が怒り狂ってしまったり、何ものがないと自由に行動されてしまったりして、抑えがきかなくなります。その結果、攻撃的な発言をすることもあるでしょうし、自分の正義感を振りかざす行動に出やすくなります。そうなる前に、その力を抑え込まないといけません。ものを置くことで、白虎のエネルギーを抑えることができます。ただ、ものを置くスペースが汚れていたり、散らかっていたりすると白虎の怒りを買いやすいので、きれいにしておきましょう。

そして朱雀が守護する玄関の外は、社会とつながる場所です。朱雀は南を守護し、陰陽五行論では「火」と対応します。火は拡散していく力を表し、太陽とも対応しています。太陽が最も高い位置にくることを南中ということから、南＝高い地位、出世、名声、華やかさなどの意味が出てきます。

つまり自分の家の敷地内の玄関の外は、出世や名声に関わってくるのです。なので、玄関の前が汚れていたり、ゴミがあったり、表札がボロボロだったり、汚らしく傘が何本も放置されていると、朱雀の力がうまく働かず、出世につながらないという影響が出てしまうことがあります。社会で成功するためには白虎と朱雀のバランスをうまく取ることがとても重要なのです。

あと、正義感が強いことは、決して悪いことではありません。正しいことを主張したくなる気持ちは、とても良くわかります。

でも、実力があるのに一匹狼になってしまって出世ができない人、同僚からは「あなたがトップになったほうがいいのに」と言われるけれど上からは評価されていない人は、正義感をちょっと抑えたほうが、周りもあなたと接しやすくなり、結果的に仕事がしやすくなります。

仕事仲間と衝突ばかりしていると、運ではなく、ストレスばかりたまってしまいます。たった一瞬でも構いません。ドアを開ける前に、あなたのお気に入りのものを眺めて、気分良く一日をスタートさせましょう！

MAGIC ROUTINE

49

仕事運・金運

稼ぎたい時は、部屋の西側で仕事をしてみる

MAGIC ROUTINE

50

仕事運

仕事で嫌な空気が流れたら、北西で服にファブリックミストをかける

仕事運がアップする方位はいくつかあります。

まず、収入を上げたい人は、部屋の西側で仕事をするといいでしょう。西は、お金になる仕事が舞い込んでくる方位です。フリーランスの人や、歩合制の仕事をしている人に、特におすすめです。

また、飲食店のレジや、予約を受ける電話なども、西に置くのがいいでしょう。売り上げや予約が増えるはずです。

転職先を探したり、履歴書を書いたりするのにいい方位は、南です。南には、自分の道を切り開き、やりたいことが現実に近づくというエネルギーがあります。どうしても通したい企画や、成功させたいプレゼンの準備をするのも、南がいいと思います。

それから、名声や名誉が得られる方位でもあるので、「お金にならなくても、世の中のためになることを成し遂げたい」という考えの人は、家か部屋の南側で仕事をするといいでしょう。

日々トラブルなく、うまく仕事をこなしていきたいなら、北西がいいです。北西は「うまく事が進んでいく」という調和のエネルギーがある方位です。

仕事が滞ったり、うまくいかないことが続いたりしている時も、北西のエネルギーが使えます。北西で服にファブリックミストや消臭スプレーをかけたり、香水をつけたりして、〝水〟を使ってみましょう。北西は、陰陽五行論では「金」で表されます。水を使うことで金生水《きんしょうすい》（金と水は相性が良いという考え）となり、仕事運を表す金から地位や名声や思考力を表す水へ、スムーズに運気が流れていき、仕事運が高まります。

ただし、ペットボトルに入った水を置いておくなどでは意味がありません。それだと、水はペットボトルの中に入ったままですよね。そうではなくて、「固定された水を動かす」ことが大事なのです。これは会社など外でも使えます。

仕事運にいい方位は、西、南、北西。今あなたに必要な仕事運を選んで、リフレッシュの一環だと思って、気軽に取り入れてみてください。

MAGIC ROUTINE

51

仕事運・メンタル運

熟睡したい時は北枕、仕事で成功したい時は南枕で寝る

上の見出しを読んで、「北枕って良くないんじゃないの？」と思った人もいるでしょう。実は、そうじゃないんです。日本では、亡くなった人を北枕で寝かせるため、生きている人が北枕で寝ることは縁起が悪いとされています。

しかし、そもそも北は、夜や海の底など、〝静かで穏やかな場所〟を意味する方位です。なので、北枕で寝たほうが、頭や心の中が静かに落ち着いて、ぐっすりと眠ることができるんです。きっと起きた時には頭がクリアになっている

はずです。悩み事が頭から離れない人、寝つきの悪い人は、北枕で寝ることを試してみてください。

そして、出世したい人、仕事で成功したい人は、南枕で寝ることをおすすめします。南は、やりたいことを現実に近づけ、仕事を成功させる運気を高める方位です。

おすすめのルーティンは、普段は北枕で熟睡する。絶対に成功させたい仕事や、昇進試験など、「ここぞ！」という時に南枕に変えてみる。こうすることで、普段静かに寝ている反動で、仕事運が高まりやすくなります。

睡眠は、人生においてのパフォーマンスを上げる要素のひとつです。古くから言われている「北枕は縁起が悪い」という言葉にとらわれず、自分がいま求めていることに合わせて、枕の向きも変えてみましょう。

MAGIC ROUTINE

52

恋愛運・仕事運・人間関係運

洋服を整理すると出会いが生まれ、本を整理すると仕事の調子が上がる

ものが多くても、整理整頓していれば、運は良くなります。

よく「お金持ちの家はものが少ない」とか、「ものを捨てないと運気が上がらない」と言う人たちがいます。でも私は、ものが多くても、ちゃんと片付けてさえいれば大丈夫だと思います。ものを捨てることが風水的に良い、という考えにならないよう注意しましょう。

整理整頓は、八方位の南東と対応しています。なので、整理整頓

をすることで、南東のエネルギーが高まります。南東には〝結婚〟〝信用〟という象意がありますから、恋愛が成就して結婚できたり、人から信用を獲得し仕事で成果を出せたりと、片付けることで乱れた運気を整えていくことができるのです。

それと、「所有すること」は自己表現のひとつでもあります。自己表現は、陰陽五行論の「火」のエネルギーで表すことができます。南東は陰陽五行論では「木」と対応しています。所有するものを整理整頓することで南東が刺激され、そこから木生火《もくしょうか》（木と火は相性が良いという考え）となり、スムーズに「火」にエネルギーが伝わっていきます。その結果、自己表現がよりスムーズになっていきます。

また、「火」に薪をくべることになるので、燃えている火のエネルギーがより強くなり、燃え尽きて灰になる土の量を増やすことになります。

「土」はコミュニケーションや人気運や財運を表しますが、整理整頓をすることによって土の量が増え、これらの運も上がっていきます。コレクションしているものなどの知識を話すことで人に興味を持たれ、話題が豊富な人として人気を集めることもできるでしょう。稼いだお金をうまく運用し、財として残せるかもしれません。

特に、本を整理すると、仕事運がアップします。「これを読んで考え方が変わった」「プラスになった」と思うことってありますよね。本から得た知識によって、人に対する接し方にも影響が出たはずです。その本を動かすことによって、もう一度、その時の記憶が蘇り、結果、人間関係がスムーズになっていきます。

または、勉強のために買った本を動かすことによって、読み終えた時の熱い気持ちを思い返し、仕事でのスキルアップをもう一度意識したり、サイドビジネスを始めたりすることにつながります。

好奇心を感じて買った本の場合は、内容を思い返すことで、想像力がアップし、企画などに生かせるかもしれません。何も響かなかった本や、買ったけど読んでいない本を整理すると、無駄を省くことを意識するようになるので、効率の良さを求めるようになるでしょう。

このように、本を整理整頓すると仕事運が高まります。

それから、クローゼットの洋服を整理すると、出会い運が高まります。洋服は人に会う時に必ず着るものなので、人とのつながりに影響を与えます。古い洋服を捨てる行動は、縁切りの儀式だと思いましょう。そして、新しい洋服を着て出かけることによって、新たな縁が作れるのです。

クローゼットの中にある、もう長い間着ていない古い洋服は整理して、新しい服で外に出かけてみたら、意外な人との出会いがあって、運が開けるでしょう。

MAGIC ROUTINE

53

恋愛運・仕事運・人間関係運

午前9～11時に洗濯や掃除をすると、いい知らせがやって来る

洗濯や掃除などの家事は、午前中にやってしまうことをおすすめします。

1日の時間は、2時間ずつ12の干支に分けられます。わら人形に釘を打ち込む〝丑《うし》の刻参り〟というものもありますが、丑の刻とは夜中の1～3時のことを指しています。また、〝丑三《うしみ》つ時《どき》〟という言葉を聞いたことがある人も多いでしょう。これは、丑の刻を4つに分け、その3番目になる時間の時、つまり、午前2時頃から午前2時30分頃までの真夜中の時間帯

を表します。俗に、「草木も眠る丑三つ時」と言われ、幽霊を見てしまうことや心霊現象が起こりやすい時間帯としても伝えられています。ちなみに、丑一つ、丑四つなどもあります。このように、十二支は丑年などの年を表すだけではなく、丑の月、丑の日、丑の時間など、月や日にちや時間も表します。さらに、丑の方位など方角にも対応しています。

午前7~9時は十二支で表すと辰《たつ》の刻です。午前9~11時は、巳《み》の刻です。辰や巳は方位で表すと、南東に位置します。南東は、辰巳の方角とも呼ばれます。前のページで、南東は整理整頓を表していると説明しましたが、辰や巳の刻に整理整頓をすることで、その南東のエネルギーがより強くなります。

そして、南東は〝結婚〟〝信用〟という意味があると説明しましたが、ほかに〝通信〟という意味もあります。なので、辰の刻の午前7~9時や、巳の刻である午前9~11時に洗濯や掃除などをして身の回りを整えると、結婚運が高まるだけでなく、いい知らせが届くようになるのです。

この知らせは、恋愛にも仕事にも当てはまります。ずっと連絡を待っていた人から電話がかかってくるかもしれませんし、もしかしたら「試験に合格しました」なんていうテンションが上がる連絡がくるかもしれません。


午前中の掃除には、いいことしかありません。ただ、同じ南東を支配する辰の時間帯の午前7～9時は、住まいの環境によっては、ご近所迷惑になってしまうこともあると思います。なので、そういう環境の人は、巳の刻の午前9～11時の間にしましょう。

ぜひ休日のモーニングルーティンに、洗濯と掃除を加えてみてください。でも、掃除機の音でスマホの着信音に気づかなかった……なんてことがないように気をつけて！

MAGIC ROUTINE

54

恋愛運

姿見の左上に
飾りをつけると、
結婚運が高まる

MAGIC ROUTINE

55

仕事運

仕事をうまく進めたいなら、
姿見の右下に
ものを置く

姿見の左上に飾りをつけたり、ステッカーを貼ったりして角を目立たせると、結婚運が高まります。

四角い鏡を、風水の八方位で分けて見てみましょう。八方位とは、東・西・南・北・南東・南西・北東・北西の8つの方位のことです。そして、現在の地図とは逆で、下が北、上が南として考えます。

すると、左上に来るのは南東になりますよね。南東は結婚を表す方位なので、毎日自分の姿を確認する鏡で、結婚を表す南東に飾りをつけて強調しておくと、次第に結婚運が高まっていきます。

ただし、タオルをかけるなどして左上全体を隠してしまうと、結婚運は下がってしまいますので、大部分は見えるようにしておいてください。また、鏡自体が汚れているのも、もちろんNGです。

それから、右上は強調させないほうがいいです。右上は南西になり、〝母性〟〝日常〟〝地味〟などの意味を持っています。パートナーにとってお母さん的な存在となり倦怠期に入ってしまったり、結婚に結びつきづらくなってしまったり、破局することも考えられます。

もし、姿見の右上に何か飾りがあって、恋愛がうまくいっていないなら、すぐに取りましょう。うまくいっているなら問題ありません。

ちなみに、仕事をうまく進めていきたいなら、姿見の右下のあたりにものを置くといいです。右下は北西になり、北西は〝うまく事が進んでいく〟というエネルギーがある方位です。もし鏡の右下が汚れていたらきれいにして、汚れが取れなかったり、ヒビが入っていたりしたら買い替えましょう。

いい変化が起きたら、その姿見に、いつもとは〝何か〟が違うあなたが映っているかもしれませんよ！

MAGIC ROUTINE

56

恋愛運・仕事運・金運・人間関係運・メンタル運

観葉植物がなくても、緑色のものを置けば邪気が払える

風水では、観葉植物は邪気を払ってくれる力があると言われています。でも私は、必ずしも観葉植物を置けばいいとは思いません。

観葉植物を買ったら育てなければいけないので、やることがひとつ増えますよね。その分、あなたが本来やるべきことに使えるエネルギーがひとつ減ります。つまり、観葉植物に気を使わなければならなくなった分、別の運が落ちることもよくあるんです。

極論になりますが、優先的に人が育てなければいけないのは、観

葉植物ではなく、自分自身でしょう。まずは自分の成長に全集中すべきですから、余裕のない人が観葉植物を買っても、必ず運が開けるとは言えません。

また、忌み嫌われる鬼門の方位とされる北東に観葉植物を置くと、邪気を払ってくれるので、運気が上がると言われています。

でも、私の考えでは、観葉植物ではなくても、〝緑色のもの〟で十分なのです。緑は陰陽五行論の「木」のエネルギーがありますから、植物の代わりとなってあなたを助けてくれるはずです。

さらに、北東に緑色のものを置くと、ギャンブル運が上がります。

北東は陰陽五行論の「土」のエネルギーであり、「土」は財運を表します。そして緑は、陰陽五行論の「木」と対応し、〝風〟や〝雷〟も表します。そのため、「木」には、〝電気〟〝衝撃〟〝突発性〟などの意味も含まれます。「土」のエネルギーがある場所に「木」に関係するものを置くと、「木」は「土」のエネルギーを吸おうとします。植物が土の養分を吸って育つ構図です。しかし、「土」はエネルギーを吸われたくない。そうなると、「木」と「土」で反発し合い、激しい戦いが起こります。これは、もともとあった「土」という財運の上に、突発的に物事を動かす「木」がやってくるという構図になるので〝財運が激しく動かされる〟ことになります。よって、ギャンブル運が上がるという仕組みです。実際に、私の知り合いの雀士の方で、北東に緑色のキャラクターのぬいぐるみを置いて、勝ちまくっている人がいます。

すでに観葉植物があるなら、北東に置きましょう。位置を動かせない場合は、そのまま大切に育ててください。植物を育てられる余裕のある人なら、それは家の一部になって、邪気を吸ってくれていると思います。

観葉植物もいいですが、それよりもまず自分自身を育てるということを優先させてください。やることが山積みだと思う生活から抜け出し、心に余裕が持てた時には、愛情をたっぷり注いで観葉植物を育てましょう。

MAGIC ROUTINE

57

恋愛運・仕事運・人間関係運

片付けられない人は、無理に掃除をしないほうが運をつかめる

整理整頓は運気を高めると説明しました。ですが、どうしてもできない人、いますよね？　そんな人は、そのままのほうがいいかもしれません。

片付けられない人は、床にどんどんものがたまっていくものです。大地や床などは、手で触れることができるので、現実を表します。片付けられない人は今の状態や目先の利益に興味がなく、「好きなことにハマることが幸せ」というタイプだったりもします。またほ、安定や現実的なことに興味

がないので、特殊な思考パターンを持った、ただの変わり者の場合もありますが、ほかの人が考えられない発想をして、ありえない成果を出せていたり、何らかの分野での天才だったりもします。

東洋の運命学には八卦《はっけ》というものがあり、易という占いで使われています。〝悩み〟は八卦では「坎《かん》」に当たります。八卦は十二支と対応していて、「坎」は「子《ね》の刻」である午後11時〜午前1時を指しています。すごく暗くて寂しい時間帯ですよね。悩みがあると、この時間帯に寝られなかったり、情緒不安定になったりすることもあるでしょう。ただ、逆にこの時間帯に脳がさえる夜型の人もいます。この時間帯でないと集中できない人は、片付けられないタイプなのかもしれません。

悩みが多くて困るという人は、床にものを置く癖をなくしたり、散らかっている床を片付けると改善されます。ものが散らかっている人ほど、意識も散漫になり、悩みが多い状態になると言えるでしょう。もしくは、知性を表す〃水〃が体内で足りていなかったりします。水分をマメに摂るようにしたり、逆に体を冷やさないように気をつけましょう。体が冷えていることが原因で、悩みやすくなっているのかもしれません。

しかし、片付けられない人は、普通の人なら悩みが生まれやすい状態でも、気にしていない可能性があります。図太くてマイペース、鈍感なのかもしれません。

運命学の世界では、世界を、「天《てん》」「人《じん》」「地《ち》」の3つに分ける三才いう考え方があります。「人」は自分であり、部屋を天と地で分けると、天井は天で、床は地です。床がどんなに散らかっていても、天井までは散らかっていないでしょうから、地を無視して天から降ってきた運だけをつかんでいるのかもしれません。

さらに、整理整頓をする暇がないほど、自分がやるべきことや、夢や希望を優先し、がんばっている状態ということも考えられます。

なので、片付けられない人でも、今の生活に不満がなければ、そのままでいいんです。もし、片付けられない人がどうしても整理整頓をしなければいけなくなったら、割り切って家事代行を頼めばいいのです。掃除が好きな知人に手伝ってもらうのもいいでしょう。

逆に、整理整頓をしすぎて神経質になっている人は、部屋が汚い人を少し見習ってみてもいいかもしれません。細かいことばかり気にせずに、本来自分がやるべきことにエネルギーを注いでみましょう。

よく、掃除することが運気を高めるといわれますが、必ずしもそうではありません。片付けることにストレスを感じるくらいなら、今のままでいい。片付けられない性格は、あなたの強みかもしれませんよ。

MAGIC ROUTINE

58

恋愛運・仕事運・人間関係運・メンタル運

ツイてない時は、まずシーツと枕カバーを洗ってみる

最近ツイてないな、いいことないなと思った時、厄払いに行く前に試してほしいことがあります。普段使っているベッドのシーツと枕カバーを洗うことです。

風水では、良い気も悪い気も、眠っている時に入ると言われています。そして、シーツや枕カバーは、あなたの悪い気を吸っていることが多いです。なので、きれいに洗って悪い気をなくすといいでしょう。枕自体を日光に当てるのも効果的です。

悪い気、つまり邪気をまとって

しまうと、あなたの守護霊が、寝ている時に枕元や背中から離れていってしまいます。守護霊はあなたを守ってくれる存在ですから、彼らに嫌がられて離れられてしまうと、つまずいて転びやすくなったり、人間関係ですれ違いが起きたり、「なんでうまくいかないの⁉」と思うような、ちょっとしたトラブルも起こりやすくなります。

もし洗っても変わらない時は、捨てて新しい枕を買いましょう。よく、愛着のある枕をずっと使っている人がいますが、ツイてないと思うなら、悪い気がたまっているかもしれません。汚れたまま放置していると、もののエネルギーもなくなっていきます。もちろん、愛着がある枕に魂が宿っていてプラスに働いている場合もあります。そう感じるのであれば持っていてもいいですが、ものには寿命があることは意識しておきましょう。

そして、前に説明したように、北枕で熟睡できれば、パフォーマンスも上がり、いい運気も入ってきやすくなります。

ツイてないと思ったら寝具を洗う。習慣にして悪い気も洗い流しましょう！

MAGIC ROUTINE

59

仕事運・金運

副業を始める前に、南に鳩時計を置いてみる

副業を成功させたいなら、始める前に、南に鳥のアイテムを置いてみましょう。

南は、「名声」「出世」「成功」「注目」「目立つ」を意味する方位です。四神の朱雀に当たります。朱雀は南方位を守護する神獣とされ、鳳凰のようなイメージです。陰陽五行論では「火」と対応しています。

南の方角、「火」のエネルギーには、「先を見通す」という意味があります。

なので、南に鳥を置くことで、朱雀の「火」のエネルギーがさらに高まります。
すると、先見の明を持つことができて、お金になりそうな副業を始められるはずです。

中でもおすすめなのが、鳩時計です。アナログ時計には、天の循環のエネルギーがあるとファッションの章で説明しました。お金回りが良くなったり、チャンスをつかみやすくなったりすると言われるアナログ時計に、〝鳥〟のエッセンスも入った〝鳩時計〟は、運気を上げるための重要アイテムと言えるでしょう。

今は、おしゃれな鳩時計が売られています。無印良品でも、シンプルな鳩時計を扱っていました。副業を考えている人は、探してみてくださいね。

MAGIC ROUTINE

60

恋愛運

相手が「隠し事してるな」と思ったら、自宅から見て南の方角でデートする

出会ったばかりでまだあまり相手のことを知らないなら、あなたの自宅から見て南の方角でデートをすることをおすすめします。

南は、易の八卦では「離《り》」と対応しています。「離」には、明らかにする、離れる、別れるなどの象意があり、隠されていた事実を明らかにする力があります。なので、南方位を使うことで、あなたが気になっていたことや、なんとなく違和感を抱いていたことを、相手のほうから「実はね……」と話してくれるようになります。

例えば、「実はバツイチなんだ」とか「今まで誰とも付き合ったことがないんだ」といったようなことです。嘘をついていたわけではないけど、言うまでもないと思われていたこと、隠していたことなどの本音を聞き出せるでしょう。さらに、赤をうまく使うとより効果的です。南に対応する色は赤です。なので、赤い看板のお店を選んだり、赤が強調されるワンポイントのものを身に着けたり、赤いイチゴがのっているショートケーキを注文したり、赤ワインを相手に勧めたりすると効果が倍増します。ただ、やりすぎは良くないので気をつけてください。

そして、南で相手の本音がわかった後は、北東の方角でのデートをおすすめします。北東は「艮《ごん》」と対応しており、変化の方位と言われています。なので、関係を前に進めたい時には、北東の方角でデートをセッティングしてみてください。状況が大きく変わっていきます。復活させたいことがある時も使えるので、ケンカをしてしまったり、関係をやり直したい相手がいる場合でも有効です。

ただ、注意点としては、北東には〝停止〟という意味もあり、終わりを表すエネルギーが出てしまうことがあります。よく行くお店やアットホームなお店を選んでしまうと、停止のエネルギーが出てしまいます。落ち着く場所にいると、どっしりと構えてしまいがちだからです。なので、少し緊張する環境や、変わった場所、初めて行くお店などのほうが変化や復活のエネルギーをうまく使えます。お互いがドキドキしている状態ならば大丈夫です。

結婚の前にも、南の方角でデートするのがいいと思います。結婚は人生の大事なイベントですから、相手に隠し事がないか確認しておくといいでしょう。

方角は、自宅から見て八方位を均等に45度で割って、南や北東を確認してみてください。遠くに行けば行くほど効果は大きく出ます。

また、あなたからデートの場所を指定することで、「引っ張ってくれる人って素敵」と相手に思ってもらえるかもしれませんよ。

逆に、本音をはぐらかされやすいのは東です。東は「震《しん》」と対応していて、「声ありて形なし」という象意があります。

なので、本音を語ってもらえなかったり、質問をしてもはぐらかされたりする方位になります。そしてあなたも、なぜか「まあいいか」と許してしまいやすくなるのです。

方角でデートの行き先を決めてみるのも楽しいものです。こんなささいなことでも、習慣を変えれば変化が訪れます。

MAGIC ROUTINE

61

恋愛運

出会いが欲しい時は、ボディソープを柑橘系の香りにしてみる

新しい出会いが欲しい時や、パートナーを見つけたい時には、柑橘系の香りを身につけてみましょう。

陰陽五行論の「金」は、女性にとっての恋愛運を表しています。そして、柑橘類は果実として実になるところから、この「金」と対応しています。なので、柑橘系の香りを身につけると、その匂いに誘われてあなたの魅力に気づいた人たちが寄ってくるのです。

さらに、柑橘類を植物として見ると、陰陽五行論の「木」とも関

わりがあります。「木」を自分自身と置き換えると、「木」が伸びすぎた際にきれいに剪定してくれるのは、「金」のエネルギーです。

柑橘類は「木」と「金」のエネルギーの両方があると考えてください。余計な枝葉を切ってたっぷりと日の光を浴び、すくすくと伸びていくことができるということは、自分のいいところが伸びて、いいパートナーに見つけてもらいやすくなるということです。

香りを身につける方法は香水でもいいのですが、ボディソープがおすすめです。一説によると、人は香りで好き嫌いを判断しているそうですが、それはあからさまに嗅覚を刺激される香りではなく、本能で感じるかすかな香りなのだとか。香水をつけすぎた人と密室で一緒になるとキツいですよね。

なので、さりげなく香っているぐらいがいいと思います。「なぜだかわからないけど、あの人が気になる」と相手に思わせることができるはずです。ボディソープ以外に、入浴剤を柑橘系の香りにするなどでもいいでしょう。

ただし、柑橘系の香りをつけても恋愛運がアップしない人が、2割くらいいます。人によって、香りとの相性があるからです。もし長く使っているのにうまくいかないということがあったら、セクシーさがアップするマリブの香りや、女性としての魅力を高めるローズの香りなどを試してみてください。

ちなみに、柑橘類などの果物を食べることでも、恋愛運はアップします。そのまま食べても、ジュースでも、料理の隠し味に使うのでもいいです。パートナーに食べさせれば、浮気されにくくもなります。

出会いが欲しいけど、アクティブに行動する勇気は出せないという人でも、自宅のバスアイテムを柑橘系にするくらいならできますよね。まずは小さなことから始めてみましょう！

MAGIC ROUTINE

62

恋愛運

住所に2と3が入っている場所で元恋人と会うと、復縁しやすい

あなたは、別れた恋人のことをすぐに忘れられるタイプですか？実は、そういう人はなかなかいないようで、私のところには復縁の悩みがたくさん届きます。

もし別れたパートナーと会う機会があって、復縁したいと思っているなら、住所に数字の2と3か、5が入っている場所で会うことをおすすめします。

数秘術という数字の占いでは、女性は偶数、男性は奇数で表されます。ただし、1は全てを生み出

す数字なので、男性の数字として考えません。なので、女性の数字の最初は2、男性の数字の最初は3になります。この2つの数字が入っている、または、2と3が初めて重なる数字である5は、男女が結ばれる数字になります。そのため、5は結婚や恋愛の数字と言われています。

一番いいのは、「2丁目3番地の5」など、2、3、5が全て入っている住所。でも、それはなかなか難しいと思うので、2と3だけでもいいですし、〝5階〟などでもいいと思います。

ちなみに、男女が出会う飲み会は、女性2人、男性3人だとカップルが成立しやすいです。それから、婚姻届に記入するのは午後5時だと縁起がいいです。

このように、2、3、5の使い方は自由です。男女間の運を引き寄せたい時に、ぜひ使ってみてください。

MAGIC ROUTINE

63

恋愛運・仕事運

トイレで長めに過ごすと、いいアイデアがひらめく

トイレは、自分の世界に入るのに適した空間です。狭くて、完全にひとりになれて、リラックスできて、余計な情報が目に入ってこない。瞑想に近い状態に、トリップできたりもします。

なので、トイレでしばらくボーッと過ごしてみると、いいアイデアがひらめくことがあります。新しい企画が思い浮かんだり、返信しづらくて後回しにしていたメールへの返事や、好きな人へのアプローチ法が思いついたりするかもしれません。

風水では、トイレは陰の気がたまるので長居をしてはダメだと言う人たちがいます。トイレでメールやＬＩＮＥの返事をしたり、予定を立てたりすると、陰の気に影響されて物事がうまくいかなくなるという考え方もあるのです。

でも、私はそうは思いません。実際には、トイレでいいアイデアが浮かぶという人も多いですよね。今はスマホがあるから、思いついたことをすぐにメモすることもできます。

トイレをアイデアスポットとして活用するためには、陰の気がたまらないようにすればいいので、きれいに掃除して、居心地のいい空間にしておくことが大切です。そうすれば、使う人の気分も自然と良くなりますよね。

ただ、お尻を出したままにして冷えてしまうと体に良くないので、あまりに長居する時は気をつけましょう。スマホの水没も要注意です！

ちなみに、「トイレ掃除をすると金運が上がる」と、よく言われています。これは、財運は水の気に宿ると風水では言われているからです。なので、水回りなど、トイレをきれいにするということは、お金の流れを良くすることだと考えましょう。また、トイレ掃除や人の嫌がることを積極的にやることは、徳を積めて、運気が高まることも意味しています。

もし、考えに行き詰まった時には、トイレをきれいにして、陰の気を排除しましょう。無心になって瞑想することが苦手な人は、本や雑誌を読みましょう。学んだ知識をきちんと記憶できたり、読んでいる途中で全く別の事柄のアイデアが浮かんだりすることもありますよ！

MAGIC ROUTINE

64

メンタル運

部屋の汚さは「本当の自分をわかってもらえてない」という思いの表れ

あなたの部屋はきれいですか？

胸を張って「はい、きれいです！」と言える人は少ないと思いますが、もし汚部屋に住んでいるなら、心のどこかで「みんな本当の私をわかっていない」とか「なぜ自分が正当に評価されないのか」という気持ちを持っていませんか？

陰陽五行論で「火」は〝自己表現〟を表しています。この「火」のエネルギーのバランスが悪い人は、部屋が汚い傾向にあります。

もしくはすぐに部屋を模様替えし

たくなります。

例えば、「火」のエネルギーが弱くて自己表現がうまくできていない人は、自分に対して不満を募らせがちです。逆に「火」のエネルギーが強くて自己表現ができている人は、周りの反応に不満があって「本当の私をわかってもらえてない」と思っています。もしくは、我が強くなりすぎて、仕切って失敗したり、浮いた存在になったりしているはずです。

芸人さんでも、汚い自宅がテレビで紹介される人がいますよね。彼らは、芸人として自己表現はできているけど、周囲の反応が思っていたのと違って、葛藤を抱えているタイプなのだと思います。

「わかってもらえない」という気持ちは、不安や寂しさに変わります。その気持ちをもので満たそうとしたり、一度手に入れたものを手放す勇気が出なかったりするのでしょう。ものを持つことで安心感を得ようとしているわけですが、こういったタイプの人は増えたものを処理するエネルギーがなく、結果的にますます部屋が散らかってしまうのです。もしくは、理解されないのであれば、自分を大好きになるしかないという気持ちが高まっていき、自分以外には興味がなくなり、ものに執着しなくなり、常に部屋の模様替えをしたり、ミニマリストになったり、引っ越しの回数が多くなる人もいます。ものに執着しない。自分だけを愛するという傾向に走っていきます。

そして「火」は油と対応しています。火のバランスが悪くなると、油っこいものが食べたくなってしまいます。なので、部屋が汚い人は、太りすぎや健康に注意が必要です。食事に影響が出ていない場合も、火のエネルギーが弱まって「水」のエネルギーが強くなると、水は〝知性〟を表すので、悩みが多くなって眠れなくなります。また、火は時間で言うと、巳《み》の刻である9〜11時と午《うま》の刻である11時〜13時を表し、水は亥《い》の刻である21〜23時と子《ね》の刻である23〜1時に対応しています。そのため、火のエネルギーが強くなりすぎても、昼夜逆転してしまって、睡眠に影響が出てしまうことがあるのです。

ほかにも、「水」は腎臓・膀胱・泌尿器・婦人科系・ホルモンバランスにも対応しているので、注意が必要です。

ただし、先ほど説明した通り、片付けられない人の中には、そのままのほうが運をつかめる可能性がある人もいます。いま調子のいい人、片付ける暇がないほど日々が充実している人は、そのルーティンを変えないほうがいい。しんどくなければ、そのままで大丈夫です。

ちなみに、ものが多いと落ち着かないという人もいますよね。あまりに潔癖だと、すぐにピリピリしてしまいがちです。ものを捨てることで気持ちがすっきりもしますが、ものを大事にしないでなんでもすぐ捨てたくなる人は、人との距離感でも冷たく、冷酷な一面を持っています。

あなたはどちらのタイプでしょうか？　部屋は「きれいとは言えないけど、決して汚くはない」くらいがバランスがいいかもしれませんね。

MAGIC ROUTINE

65

仕事運・人間関係運・メンタル運

仕事のミスが続いたら、バスソルトを入れて入浴する

穢《けが》れを払い、体を清める時に使われる塩。お葬式でお清めの塩が配られ、帰宅して玄関先で体に振りかけた経験が皆さんにもあるはずです。

塩のお清めの力は、日常生活でも使うことができます。仕事でミスが多かった日の夜は、バスソルトを湯船に入れて入浴するといいでしょう。

では、どんなミスをした時に、バスソルトを使うといいか？「仕事でいつもミスをしてしまう」といった相談を聞いていると、過信

や慢心、意識が散漫になっているからミスが起きていることが多いなと感じます。

例えば、やりたくない仕事だからあまり責任感を持たずに進めてしまい、確認を怠ってミスが起きたとき。自分では言ったつもりでいたけど、相手に伝わっていなくて連絡ミスが起きたときなど。


つまり、いらないプライドを持ち続けていたり、相手への思いやりが欠けていたり、または別のことに意識を取られている時に詰めの甘さが出てしまったりすることで、ミスが起きやすくなります。

そういうミスが起こった時こそ、バスソルトを入れて入浴すると、あなたの心の悪いところを洗い流してくれます。

「私に任せてください!」と見栄を張って失敗した時にも、やってみてください。思い出したくないような恥ずかしい経験も、塩が浄化してくれるでしょう。


また、自分は悪くないのに怒られて「なんで私が……」と思うような、どう見ても不運としか思えない出来事が起きた時も、バスソルトを入れて入浴するといいでしょう。周りの人の嫉妬や怨念、呪い、もしくは霊の影響かもしれないからです。

この場合は、除霊を意識したり、邪気を払う気持ちでバスソルトを入れて入浴してください。そうすれば、その不運から抜け出し、幸運を引き寄せてうまく問題が解決していくはずです。未来も明るくなっていくでしょう。

最近は、香り付きのバスソルトがたくさん売られていますが、一番効果が期待できるのはノーマルな塩です。あなたの体に合った塩を見つけてみてくださいね。

MAGIC ROUTINE

66

メンタル運

嫌なことが続いたら、煮込み料理を作ってみる

何をやっても嫌なことが続いてしまう時、もしかしたらあなたに邪気がついているのかもしれません。邪気とは、病気や不幸を呼び寄せる悪い気のことで、ついているといいことはありません。

そんな時は、煮込み料理を作りましょう。長い時間、キッチンで火を使うことで、邪気を燃やすことができます。お寺や神社のお焚き上げで、人形や古い写真などを燃やすことがありますよね。なぜ、ただ捨てるのではなく燃やすのかというと、ものについた念や邪気

を焼き払うためなのです。

また、料理がストレス発散になるという人がいますよね。突然、夜中にジャムを作りたくなるという知り合いもいました。それはたぶん、ついてしまった邪気や嫌な気持ちを、無意識に燃やしているということなのでしょう。

何かを煮込んでいると、無心になれる瞬間があります。それは気持ちがリセットされていくサインで、嫌なことを次の日には忘れられるようになるんです。

ただし、IHコンロは電気なので意味がありません。自宅がIHコンロの人は、卓上コンロなどを使いましょう。それでお鍋を食べるのもいいかもしれません。

ちなみに、キッチンは凶方位にあるといいと言われています。悪い運気や邪気を火で燃やすことができるからです。凶方位の探し方は、八宅派風水を使って見つけ出します。八宅派風水とは、生まれ年から自分と家との相性を見る風水です。吉方位は、「生気《せいき》」「天医《てんい》」「延年《えんねん》」「伏位《ふくい》」で、この方位に玄関、リビング、寝室があるといいとされます。凶方位は「禍害《かがい》」「五鬼《ごき》」「六殺《りくさつ》」「絶命《ぜつめい》」と呼ばれていて、この方位には、キッチン、トイレ、お風呂があるといいと言われています。トイレやお風呂は、悪い運気や邪気を水で洗い流してくれるという考え方です。
料理が苦手な人でも、カレーやポトフなどの煮込み料理は比較的簡単にできます。おいしい手料理を食べて、新たな気持ちで明日を迎えましょう。

吉

生気
生命力を高める、とても良い方位

天医
健康運を高める、寝室に良い方位

延年
精神的に落ち着く方位

伏位
現実的になれたり、計画性を持てる方位

凶

(キッチン、トイレ、お風呂があると良い方位)

禍害
ミスが増える方位

六殺
精神的に不安定になる方位

五鬼
攻撃的になってしまう方位

絶命
物事がうまくいかなくなる最悪の方位
心が病みやすい

間取りで運気を上げる　八宅派風水の見方

次の表を使って、あなたの吉凶方位を見つけてください。

1 あなたの生まれた年から、八卦（乾、兌、離、震、巽、坎、艮、坤）のどれに当てはまるかを見つけます。

生まれ年（西暦）	和暦	男性	女性
1946・1955・1964・1973・1982・1991・2000・2009	昭和21年・30年・39年・48年・57年・平成3年・12年	離	乾
1947・1956・1965・1974・1983・1992・2001・2010	昭和22年・31年・40年・49年・58年・平成4年・13年	艮	兌
1948・1957・1966・1975・1984・1993・2002・2011	昭和23年・32年・41年・50年・59年・平成5年・14年	兌	艮
1949・1958・1967・1976・1985・1994・2003・2012	昭和24年・33年・42年・51年・60年・平成6年・15年	乾	離
1950・1959・1968・1977・1986・1995・2004・2013	昭和25年・34年・43年・52年・61年・平成7年・16年	坤	坎
1951・1960・1969・1978・1987・1996・2005・2014	昭和26年・35年・44年・53年・62年・平成8年・17年	巽	坤
1952・1961・1970・1979・1988・1997・2006・2015	昭和27年・36年・45年・54年・63年・平成9年・18年	震	震
1953・1962・1971・1980・1989・1998・2007・2016	昭和28年・37年・46年・55年・平成元年・10年・19年	坤	巽
1954・1963・1972・1981・1990・1999・2008・2017	昭和29年・38年・47年・56年・平成2年・11年・20年	坎	艮

※1月1日～2月3日に生まれた人は、自分が生まれた年のひとつ前の年を見てください。

例　1975年生まれ　男性→兌　左ページの兌を見る
　　　　　　　　　女性→艮　左ページの艮を見る

2 あなたに当てはまる八卦がわかったら、次の表があなたの吉凶方位です。生気・天医・延年・伏位・禍害・五鬼・六殺・絶命の8つは「八遊星」といい、それぞれ方位と対応していて、生気・天医・延年・伏位は吉方位、絶命・五鬼・六殺・禍害は凶方位になります。

坎《かん》

離《り》

震《しん》

巽《そん》

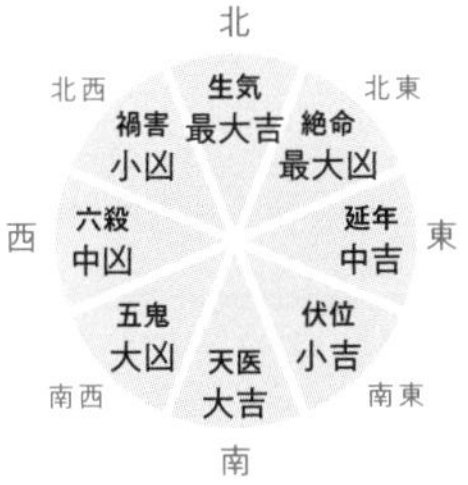

乾《けん》

兌《だ》

坤《こん》

艮《ごん》

MAGIC ROUTINE

67

金運

南西でフリマサイトの作業をすると、出品したものが売れやすい

MAGIC ROUTINE

68

人間関係運

部屋の南西でSNSを使うと、フォロワーが増える

フリマサイトに出品したものがなかなか売れない……。商品自体に人気がなかったり、値段を高く設定しすぎているなら、それが原因でしょう。こだわって写真を撮っていなかったり、または、きれいに梱包できていない、メールでの丁寧なやりとりができていないため、過去の取引で低い評価がついてしまったりしているのなら、ものへの愛情不足や、相手への思いやりのなさが原因です。ものや人への気遣いができているか立ち戻った上で、写真や梱包、パソコンの作業を全て南西でやるようにしてください。

南西は、易の八卦では「坤《こん》」と対応していて、大衆やファンが集まっていることを表しています。南西には「坤」のエネルギーがあるので、南西で出品作業をすると、あなた自身や、あなたが思いを込めたものに関心が集まりやすくなるでしょう。

「坤」のエネルギーは、ファンがいる職業の人にも活用してほしいと思っています。

例えば、ブログやSNSの更新も、南西で行うのがベターです。インスタライブやYouTubeのライブ配信などで、ファンと直接コミュニケーションをとる時も、南西で行うとファンがつくようになります。

もし家の南西でやるのが難しければ、あなたの部屋やリビングの南西側でもOKです。

人に見てほしい、人に集まってほしい時は、南西と覚えておきましょう。

MAGIC ROUTINE

69

金運

金欠になったら、どこかにしまった昔の財布を捨てる

新しい財布を買った時、それまで使っていた財布はどうしていますか？「もしかしたら、また使うかも」と思って捨てずに部屋のどこかにしまったり、カード入れにして家に放置、という人もいるかもしれませんね。

お金回りがいい人なら、それでも問題ないでしょう。ただ、もしお金に困ることが起きた時は、使わなくなった財布をしまったまま忘れて放置していないか、思い出してください。もしそういった財布があるのであれば、捨てたほう

がいいと思います。せっかく新しい財布を買ったのですから、新しい運を呼び込みましょう。お金の流れが変わり、金運が高まります。

古いものを放置していると、もののエネルギーが減っていくとファッションの章で説明しました。つまり、財布が新しくても、使わなくなった古い財布が、全体的な金運を下げてしまっているかもしれません。

それから、新しい財布を買ったら、しまっておかずに、すぐに使いましょう。新しいものほどエネルギーがあります。持っていること自体を忘れてしまったり、あるいは人からもらった財布を使わないまま取っておいてしまうこともあるかと思いますが、そうすると、運を逃してしまいます。それってもったいないですよね。

使わない財布は、持っていてもあまりいいことがありません。強い意志で捨てるか、売る！　切り替えが大切です。

04
Others

その他の開運ルーティン

MAGIC ROUTINE

70

恋愛運・仕事運・人間関係運

15〜17時の「申の刻」にアポイントを取ると、相手と意気投合しやすい

15〜17時の時間帯に会う人とは、意気投合しやすいです。

15〜17時は、十二支で言うと「申《さる》の刻」になります。「申」に「ネ」を付けると、「神」という字になりますよね。なので、この時間帯は神がかったことが起こりやすい時間と言われています。

〝神がかったこと〟と言うと、大げさに聞こえてイメージしにくいかもしれませんが、待っていたたい知らせや連絡が来たり、面接の際にお互いがビビビッと運命を感

じて採用が決まったり、相手と馬が合って意気投合しやすくなったりします。

誰にとっても〝神〟の時間帯なので、取引先から運命を感じてもらい契約が決まりやすくなる、企画が通りやすくなるということもあると思います。なので、「申の刻」にアポイントを取ることをおすすめします。

ただし、努力と準備は欠かせません。がんばったことに対する神様のご褒美だと思って「申の刻」を狙う。ぜひ試してみてください！

MAGIC ROUTINE

71

仕事運・人間関係運

17〜19時の「酉の刻」までに仕事を終えると充実する

仕事を終わらせるなら、17〜19時を基準にしてみてください。一般的な会社員の方なら当たり前であるべきかもしれませんが、なかなかそうもいかないのが仕事ですよね。

この時間は、十二支で「酉《とり》の刻」と言います。酉に「氵」をつけると酒になりますよね。なので、この時間帯に人と会ってお酒を飲むと盛り上がったり、一人でいたとしても、電話やLINEで実りのあるやりとりができたりします。ストレスが発散されて、人といい関係を築きやすくなり、縁もできるでしょう。

職業柄、どうしても19時以降になる場合は、なるべく酉の刻に会議や打ち合わせを入れるようにしてみてください。仕事においても、意味のある楽しい話し合いができるはずです。

17~19時は、何らかの形で楽しめるようにしましょう。フリーランスなど、好きな時間に働ける人で、昼間はなかなか仕事がはかどらないという人は、17時になるまではグダグダしていてもいいと考えてください。逆に17~19時の時間帯が自分の仕事のスイッチを入れる勝負の時間帯だと思いましょう。

自分がどういうタイプなのかを見極め、この時間帯を有意義に使ってください。そうすればあなたの人生がより良い方向に変わっていき、幸運体質になっていくでしょう。「ツイている!」と思えることも起こりやすくなるはずです。

MAGIC ROUTINE

72

仕事運

13〜15時の「未の刻」はミスをしがち

午後一番の時間帯は、ミスに気をつけたほうがいいです。

13〜15時は、十二支だと「未《ひつじ》の刻」といいます。この「未の刻」には、〝未だ整わず〟という意味があります。つまり、準備が不十分で、整っていない状態であるということです。なので、誰もがミスをしやすい時間帯になります。

特に、メールの送り先を間違えた、メールに資料を添付するのを忘れた、打ち合わせの日時を勘違いしていたなどの、〝うっかりミス〟が起こりやすいです。交渉事も平行線をたどりやすいでしょう。うまく契約が取れなかったり、交渉がスムーズにいかなかったりするのは、時間帯の影響かもしれません。

そうは言っても、未の刻に何もしないというわけにはいきませんよね。しかし、解決方法は、ミスをしないように、きちんとチェックするくらいしかありません。相手もミスをしやすかったり、忘れやすかったりする時間帯なので、リマインドするなどフォローをしてあげましょう。

お昼ご飯を食べたあとはボーッとしやすく、逆にお腹がすいていると集中力が途切れます。慎重に、ミスがないかしっかり確認を！

MAGIC ROUTINE

73

恋愛運

23時以降の「子の刻」に告白すると、付き合える可能性が高まる

好きな人に告白をするなら、23〜1時の間にしましょう。ちょうどデートの終盤の時間帯ですね。

夜は辺りが真っ暗になります。陰陽五行論では、黒という色は太陽の光が届かない深い海の底を表し、「水」と対応しています。なので、暗い夜は「水」の時間帯になります。また、黒はセクシーさを表していると前にも述べました。「水」と対応する悪い行いだと、隠し事や不倫などが当てはまりますが、この「水」の時間帯にセクシーなエネルギーをうまく使うこ

とができれば、告白を成功させることも夢ではありません。

夜の時間帯を十二支で見てみると、19〜21時の「戌《いぬ》の刻」、21〜23時の「亥《い》の刻」、23〜1時の「子《ね》の刻」、1〜3時の「丑《うし》の刻」に分けられます。

戌は、「氵」と「火」をつけると「滅」になるので、「戌の刻」は「消滅、滅びる」などの意味を持ちます。なので、玉砕覚悟で告白したらうまくいくかもしれませんが、告白するのにいい時間帯とはいえません。

亥は、「刂」をつけると「刻」という漢字になります。ですので、「亥の刻」は帰る時刻を気にしやすいのです。さらに、「刻む」という意味を持っているので、心に傷を刻みやすい時間帯でもあります。これも、告白するのにいい時間帯とは言えません。

1〜3時の「丑の刻」は、霊的な力が高まったり、幽霊が出る時間帯です。そして、丑に糸へんを付けると「紐」になります。紐は結ぶものなので、一見、結ばれやすいとも取れますが、不思議なことが起こったり、魔が差したりする時間帯です。なので、それがネガティブに出てしまうと〝もつれる〟という現象を引き起こします。その結果、男女のもつれが原因で問題が起こりやすくもなります。もしくは、結ばれてはいけない相手なのに結ばれてしまい、後々面倒ごとを引き寄せてしまうなど、健全ではない恋が始まってしまいます。何らかの痛みを伴った結末を迎える恋になってしまうはずです。

また、丑は、約3分の1は「水」に対応していますが、残りの約3分の2は「土」と対応しています。つまり、丑は「湿った土」なのです。もともと大地を表す「土」は手で触って形を感じられるので現実を表しますが、湿った土なので、しっかりと硬くない。しかも愛情が強くなり、水の量が増えてしまうとドロ沼状態に。さらにひどくなると、底なし沼になってしまいます。なので、告白するのにいい時間帯とは言えません。

そこで、23〜1時の「子の刻」を使いましょう。ここなら「水」のエネルギーを100％うまく使えます。さらに、「子の刻」の「子」は子供を表します。何かが始まり、成長させていくという意味を表します。この時間帯に告白をすると

「恋」を授かったと感じ、2人が「恋」をしっかりと大人に成長させようと絆が生まれるので、告白がうまくいく可能性が高まります。

告白するのは、「子の刻」であれば、デート帰りの車やタクシーの中でもいいと思います。直接会わなくても、23時頃に電話やLINEをして、「最近どう?」なんて雑談したあとに告白するのもいいでしょう。告白でなくても、デートに誘ってOKをもらいやすい時間帯でもあります。

そもそも、この時間までデートをしていたり、連絡を取り合ったりしている関係なら、相手はある程度の好意を抱いている可能性が高いですよね。

ひとつ注意が必要なのが、十二支で表される時間帯は地域によって時差があることです。例えば、北海道札幌市では23時25分~1時25分までが子の刻です。表を載せておくので、あなたの地域の「子の刻」をチェックしてみましょう。

時差表

単位：分

北海道		神奈川県		鳥取県	
札幌市	＋25.4	横浜市	＋18.6	鳥取市	－3.0
小樽市	＋24.0	**山梨県**		**岡山県**	
根室市	＋42.4	甲府市	＋14.2	岡山市	－4.3
函館市	＋23.0	**長野県**		**島根県**	
旭川市	＋29.5	長野市	＋12.8	松江市	－7.9
青森県		塩尻市	＋11.8	**広島県**	
青森市	＋23.0	**静岡県**		広島市	－10.2
岩手県		静岡市	＋13.5	**山口県**	
盛岡市	＋24.7	**富山県**		山口市	－14.0
秋田県		富山市	＋8.9	**香川県**	
秋田市	＋20.4	**石川県**		高松市	－3.8
山形県		金沢市	＋6.6	**徳島県**	
山形市	＋21.4	**福井県**		徳島市	－1.8
宮城県		福井市	＋4.9	**愛媛県**	
仙台市	＋23.5	**岐阜県**		松山市	－9.0
新潟県		岐阜市	＋7.0	**高知県**	
新潟市	＋16.2	高山市	＋9.0	高知市	－5.8
上越市	＋13.0	**愛知県**		**福岡県**	
福島県		名古屋市	＋7.6	福岡市	－18.4
福島市	＋21.9	豊田市	＋8.7	**佐賀県**	
茨城県		**三重県**		佐賀市	－18.8
水戸市	＋21.9	津市	＋6.0	**長崎県**	
栃木県		上野市	＋4.5	長崎市	－20.5
宇都宮市	＋19.6	**滋賀県**		**大分県**	
群馬県		大津市	＋3.4	大分市	－13.6
前橋市	＋16.3	**京都府**		**熊本県**	
埼玉県		京都市	＋3.0	熊本市	－17.1
浦和市	＋18.8	**奈良県**		**宮崎県**	
千葉県		奈良市	＋3.4	宮崎市	－14.3
千葉市	＋20.5	**和歌山県**		**鹿児島県**	
銚子市	＋23.2	和歌山市	＋0.6	鹿児島市	－17.8
東京都		**大阪府**		**沖縄県**	
千代田区	＋19.0	大阪市	＋2.0	沖縄市	－28.7
皇居	＋19.0	**兵庫県**		石垣市	－43.4
三鷹市	＋18.3	神戸市	＋0.8		
		明石市	±0		

MAGIC ROUTINE

74

メンタル運

背中の肌や姿勢をきれいに保つと、自己肯定感が上がる

後ろ姿を見るだけで、「あの人、元気なさそうだな」とか「自信に満ちあふれているな」と、わかることがありますよね。そして、その印象は、ほとんどの場合が正しいです。

背中には、その人の雰囲気、運、性格などが表れています。ファッションの章でも、背中は獅子座が支配していて、恋愛を表しているとお伝えしましたが、〝自己表現〟を表す星座でもあります。なので、背中には〝その人の今〟が表れるんです。

背中をきれいにしていると、うまく自己表現できる運気が高まり、雰囲気も運も性格も良くなってきます。すると、自己肯定感が高まり、魅力的にもなっていきます。

2008年の北京オリンピックの女子サッカー3位決定戦で、元なでしこジャパンの澤穂希さんは「苦しい時は、私の背中を見て」とチームメイトに語りかけたと言われています。そんな発言ができるのは、本当に自信がある人だけだと思います。それほど背中には、自信が表れるのです。

ですので、背中が肌荒れしているときは、自己評価が下がってきているのかもしれません。

また、姿勢をきれいに保つには、ヨガやストレッチが効果的です。ピンと背筋を立てて背中がぱっくり開いた洋服を着て、あなたの魅力をたくさんの人に伝えていきましょう。

MAGIC ROUTINE

75

金運

待ち受け画面をネコにすると、収入が上がる

ネコをスマホの待ち受け画面にしている方、もうすでにいるかもしれませんね。これは金運アップの開運術です。

ルームの章で説明した四神の「白虎」は、西を表しています。そして西は金運を表す方位ですから、トラと同じネコ科であるネコを待ち受けにすると幸運を呼び込めます。白虎のエネルギーが働くようになると、収入が上がったり、お金持ちに出会ったり、フリーランスの人はいい報酬の仕事が入ってきたりします。

より白虎に近いほうがいいので、ネコよりもトラのほうが効果が期待できると思われそうですが、トラだとどっしりと構えているイメージが強く、動かなそうなイメージがありますよね。ネコのほうがなついたり、急に離れたり、気分屋の部分が見え、「運」をイメージできると思います。なので、普段はネコにしておいて、昇給やボーナスの前はトラに替えて金運の勢いを逃さない！　というのもおすすめです。また、昇給やボーナス時期が過ぎたらネコに戻し、自分に金運の流れが来るように意識しましょう。どうしても金運が悪い時でも、今は離れていく時期なのかもと、お金の流れにも敏感になれるはずです。また、スマホだけでなく、パソコンのデスクトップをネコやトラにするのもいいでしょう。

かわいいネコは、癒やしを与えてくれるだけでなく、運気の流れも意識させてくれる存在だと感謝しましょう。そうすれば、よりツキが巡ってきます。

MAGIC ROUTINE

76

金運

積立投資をするなら、毎月8日に8のつく金額を積み立てる

資産運用や投資を成功させたいなら、数字の8の力を使いましょう。

漢数字の八は「末広」と言われ、どんどん栄えて発展していくことを意味しています。なので、お金を増やす資産運用などに強い数字なんです。また、8を横にすると∞（無限）の形になるので、ますます縁起がいい数字と言えます。

でも、数字の8の形のアイテムって意外と少ないので、身に着けたり持ち歩いたりするのは難しいと思います。

なので、私のおすすめは、8日、18日、28日のどこかで投資をする。そして、8のつく金額を積み立てることです。今は、積立日や積立金額を自由に設定できる証券会社やサービスがあるので、利用してみるといいと思います。

ほかの方法でも、もちろんいいです。スマホのパスワードに8を入れる、8と書かれたものを持ち歩く、8を横にした無限大のマークをイメージできるものを待ち受け画面にするなどです。

数字にこだわらない人も、8のエネルギーをルーティンに取り入れてみましょう！

MAGIC ROUTINE

77

恋愛運・仕事運・人間関係運・メンタル運・金運

ツイてる人は、メールやＬＩＮＥの返事が早い

なぜか運のいい人や、突出した魅力があるわけじゃないのに愛されている人、困っていると必ず誰かから助けてもらえる人っていますよね。その人たちを、よーく観察してみてください。彼らは共通して、メールやＬＩＮＥなどのレスポンスが早く、柔軟性があって、変化を恐れず、細かなことにこだわりません。

連絡した時にすぐに返事をくれる人は、自分のことよりも相手を最優先にするので、信頼を獲得で

きます。連絡をする側からすれば、才能や実力がある人よりも、すぐに返信が来る相手に連絡をしたくなります。

クオリティの高さも大切ですが、「気を使わないほうが楽だな……」となっていくでしょう。そして、大事な仕事を任されるようになっていきます。

でも、大抵の人は、信頼を獲得しかけるぐらいの時に面倒くさいと思ってしまい、徐々に返信のスピードが落ちていってしまいます。これは**相手の性格を研究するのを怠っているのが原因**です。もし相手が面倒くさい人だった場合に、うまくかわすすべを持っていないのです。なので、なんとなく人付き合いをするのではなく、こう言ったほうが相手も喜ぶ、このタイプの人はこう言ったら返信が終わる……などと研究していかないといけません。

また、自分にまったくメリットが感じられない人はバッサリと縁を切らないと、逆に運を落とすだけなので気をつけてください。メールなどのレスポンスが早い人たちは、とても親切で優しいイメージであっても、バッサリと縁を切ることができるタイプが多いです。

相手の信頼さえ獲得できれば、「一緒にいて居心地がいい」と思われ安心感につながり、何かあったら、真っ先に連絡をしようと思われるようになります。もちろん、何のメリットもない場合もありますが、予想外のうれしいお話を頂ける確率が高まります。

メールやＬＩＮＥの返事が早い人は、必ず何かしらの形で、連絡をくれた側の人の役に立っています。つまり普段から徳を積んでいるから、ツイてるのです。意識的に連絡のスピードを早める行動を取ることで、運気はアップしていくと考えるようにしてみてください。

ツイてる人になるには、現状よりも人から愛される存在になることを意識しましょう。自分のためにも、相手のためになることをして生きてみてください。

MAGIC ROUTINE

78

恋愛運

前髪を変えると、恋の駆け引きで流れが変わる

MAGIC ROUTINE

79

恋愛運

パートナーが結婚に躊躇していたら、前髪を作る

恋愛で大事なのは、前髪です。駆け引きがうまくいかなかったり、関係がなかなか進まなかったりした時は、前髪を変えましょう。

運気は、眉間から入ってきます。おでこが出ている人は、運気の流れが強すぎて、我が強くなっている可能性があります。なので、前髪を作って、流れを抑えたほうがいいです。

前髪がある人は、運気の流れが弱いか、止まっている可能性があります。運気の流れが弱いと、恋愛するための活力がなくなってしまうので、おでこを出しましょう。「パートナーを手に入れる！」という強いエネルギーが生まれるはずです。

つまり、前髪がなくておでこが出ている人は、前髪を作る。前髪でおでこが隠れている人は、おでこを出す。これをすることで、恋の駆け引きの流れが変わるはずです。

前髪を作る場合、眉毛が隠れていないと意味がありません。眉毛より上のパッツン前髪では、運気の流れが強いままになってしまいます。

意中の相手がいる場合は、前髪を変化させたら、会って見せるようにしてください。

意中の相手がいない人でも、前髪を変える意味はあります。運気の流れが変わるので、自然とあなた自身の態度も変わり、新しい出会いや、意外な人からのアプローチがあるかもしれません。

また、マッチングアプリのアイコンの写真を、前髪ありとなしで替えてみるのもおすすめです。２パターン試してみて、反応がいいほうを使うといいでしょう。

それから、私の周りでは、ずっとおでこを出していて結婚できなかった人が、前髪を作ってからあっという間に結婚したということがたくさんありました。まったく出会いがないと言っていたのに、前髪を作った途端、すぐに出会いがあり、３ヵ月後に結婚した人もいました。また、すでにパートナーがいる人では、

「相手が結婚について真剣に考えてくれない」という相談を受けて、「前髪を作りなよ」とアドバイスをしたところ、たった2週間後に結婚の報告がありました。
なので、結婚したい欲を相手にアピールしすぎてしまう人は、前髪があるほうがいいのだと思います。プロポーズを期待できそうなタイミングだけは、少し我を抑えたほうが相手は決断しやすいのかもしれません。そして、入籍したらまたおでこを出して、あなたらしさを出せばいいのです。

恋愛で行き詰まったら、前髪を変える。そして結婚願望の強い人は、前髪を作る。これは成功率が高い、イチ押しの恋愛術です！

MAGIC ROUTINE

80

恋愛運・仕事運・人間関係運・メンタル運

宝くじを当てたいなら、善い行いをルーティン化する

先に言っておきますが、宝くじはめったに当たりません。でも、実際には何度も当たっている人って存在するんですよね。そういう人たちは、宝くじを当てるための〝努力〟をしています。

宝くじを当てるために、運気が良くなる方向に旅行する。神社にお参りに行く。ラッキーナンバーを活用する。金運にいい画像を待ち受け画面にする。黄色のものを身に着ける。無駄遣いをしない。お金があるように、派手に振る舞わない。思いやりを持って人と接

する、ゴミ拾いなどをする……まるでアスリートが大会に向けてトレーニングをするように、**日々コツコツと努力＝徳を積んでいる**のです。

なので、「縁起のいい日に宝くじを買おう」なんて当日だけ気をつけても、日々運を貯めている人には勝てないのです。これは宝くじだけでなく、全ての〝願い〟に共通して言えることです。

ただし、**運はコントロールできません**。これまで積んだ徳を宝くじにぶつけようと思っても、できないんです。それでも、日々徳を積むルーティンを増やすことで運気の波を引き寄せやすくなり、宝くじも当たりやすくなってきます。もしくは意外なところで引きの良さを感じるようになったり、強運さを発揮したりするようにもなるでしょう。

願いを叶えるためには、運を引き寄せる善い行いを習慣化することが大切です。この本に書かれたことを少しずつ実践すれば、いつか報われる日がくるはずです！

おわりに

運気を上げるには、普段から自分は「ツイている！」「幸運だ！」と思うことが一番大切です。

運命学の世界には、「勢来形止」という言葉がありますね。先に勢いが来てそれを形に止める、という考え方です。

普段から「ツイてる！」「幸運だ！」と思えていると、それ自体が自分自身の身体に宿ります。顔つきも変わっていくでしょう。その結果、良い人にも巡り会いやすくなります。不幸そうに見えてしまうと、うまくいかないことが増えたり、大事なところでチャンスを逃したり、良い出会いを引き寄せられません。

なので、うまくいかない時ほど、「この後、絶対に良い運気の流れがやって来るから大丈夫！」と自分自身の運の強さを信じなければならないのです。でも、ただそう思い込んでいるだけでは、何も解決しなかったりもします。


そもそも、なぜ人生がうまくいかないのか？

無駄なことにエネルギーを使っているからかもしれませんし、努力するポイントがズレていることも考えられます。人に与えている印象が問題なのかもしれません。もしくはあなたの持ち物、洋服、食べ物に原因があるかもしれません。

人生の中では、うまくいかない時期にこそ学ぶべきことがあります。この先より良い人生を送るために、自分自身に課題を与えてくれる運の流れが存在します。

そんな時は、苦しくても絶対に逃げ出さず、努力をしないといけません。とはいえ、努力だけではどうにもならない間の悪さ、運の悪さ、環境の悪さの問題が出てくることがあります。

あと一歩のところでチャンスを逃したり、行く先々で苦手な人が必ず現れたり、「またこのパターンだ……」と感じることがあったりと、どうしても運の悪さから抜け出せない人は、普段から何気なく使っているもの、選んでいるものや食べ物などを少し変えることで改善できるかもしれません。
生活に普段使っていない色を取り入れたり、いつもとは違う場所に出かけるなど、行動パターンも変えていくと良いでしょう。

その結果、今までは「どうせ私なんて……」とネガティブ思考だった人、自分で限界を作って、挑戦することから逃げていた人、言い訳ばかりしていていた人も、そんな自分から抜け出せるようにもなれます。
自分自身を過小評価してしまっていると、あなたの持っている才能を開花させられなくなってしまうので注意しましょう。

この本に書いたように、あなたのルーティンを少しだけ変えることで、運命が切り替わっていきます。「自分に向いている物がわからない」「やりたいことが見つからない」「好きなものが何もない」と思っている人も、考える前に行動に移すエネルギーが生まれてくるはずです。チャレンジすることから逃げ続けていた人も、勇気を出して行動できるようになれるでしょう。

正しいことをやっているのに苦労が絶えなかったり、がんばっているのにその努力が報われなかったり、この世は不公平です。

一生懸命真面目に過ごしていても平等に幸運はやってきません。

運を引き寄せた人だけが幸せになります。

ツキを引き寄せるために変わりましょう。

あなたの前向きな変化が必ず幸せを呼び込むはずです。

この世界に偶然はありません。全てが必然です。この本との出会いが、あなたの人生をより良い方向に導いてくれることを心よりお祈りしております。

Love Me Do

ツイてる人ほど変化してる

2021年12月16日　初版発行

著者　Love Me Do

発行人　藤原寛
編集人　新井治

編集　梶塚美帆（ミアキス）
編集協力　金本麻友子
撮影　石野千尋
モデル　古屋美咲
装丁　木村奈緒子（PORT）
営業　島津友彦
企画・構成　井澤元清

発行　ヨシモトブックス
〒160-0022　東京都新宿区新宿5-18-21
Tel：03-3209-8291

発売　株式会社ワニブックス
〒150-8482　東京都渋谷区恵比寿4-4-9　えびす大黑ビル
Tel：03-5449-2711

印刷・製本　株式会社 光邦

Printed in Japan
ISBN 978-4-8470-7129-4
C0095　¥1400E